Königs Erläuterungen und Materialien
Band 108

Erläuterungen zu

George Orwell

1984
(Nineteen Eighty-Four)

von Maria-Felicitas Herforth

Über die Autorin dieser Erläuterung:

Maria-Felicitas Herforth, geboren 1980, Studium der Anglistik und Germanistik an der Ruhr-Universität Bochum seit 1999, Studienaufenthalt in Großbritannien (2001–2002), Autorin von Königs Erläuterungen.

2. Auflage 2004
ISBN 3-8044-1769-8
© 2002 by C. Bange Verlag, 96142 Hollfeld
Alle Rechte vorbehalten!
Titelabbildung: Szenefoto aus dem Film *Nineteen Eighty-Four (1984)*. USA 1984. John Hurt als Winston Smith
Druck und Weiterverarbeitung: Tiskárna Akcent, Vimperk

Vorwort

„Wenn Sie ein Bild von der Zukunft haben wollen, dann stellen Sie sich einen Stiefel vor, der auf ein Gesicht tritt – unaufhörlich" (S. 321), so lautet der wohl am meisten zitierte Satz aus George Orwells Warnutopie *Nineteen Eighty-Four*, in welcher der Autor aus seinen Erfahrungen des Nationalsozialismus und Stalinismus heraus eine Schreckenswelt nach dem Dritten Weltkrieg entwirft. In Oceania, einem der drei Großstaaten von *1984*, kämpft der Protagonist Winston Smith als nicht angepasster Einzelner verzweifelt gegen die herrschende **Ingsoc**-Partei und ihren allmächtigen Führer **Big Brother**. Überwachung, „Gedankenpolizei", Kulturzerstörung und permanente Kriegsführung sind Instrumente eines totalitären Regimes, das aus reiner Machtgier systematisch Menschlichkeit und Individualität zerstört. Mit grausamer Schärfe und satirischer Bitterkeit prangert der Autor die Gefahren wissenschaftlichen Fortschritts an, ein politisches und ethisches Thema, dessen Wirklichkeitsbezug stets zunimmt.

Der vorliegende Erläuterungsband soll die Lektüre dieses Werkes erleichtern. Es wird ein Gesamtüberblick über die wichtigsten Themen und Strukturprinzipien gegeben, der sowohl Ergänzung als auch Anregung für eine unterrichtliche Beschäftigung mit dem Roman sein kann. Komplizierte Zusammenhänge werden verständlich zusammengefasst und mit grafischer Unterstützung veranschaulicht. Die für das Verständnis des Romans **notwendigen historischen Kenntnisse** bezüglich totalitärer Erscheinungen in der ersten Hälfte des 20. Jahrhunderts werden **im Überblick** dargestellt (**Kapitel 1.2**), **Schaubilder** über Motivverbindungen innerhalb des Gesamtwerkes des Autors sowie über das System **Oceania** und die Kompositionsstruktur des Romans befinden sich in den **Kapiteln 1.3 und 2.3**. **Bildmaterial** zur Illustration der Wirkung von *1984* auf die Leserschaft verschiedener Generationen ist in **Kapitel 5** zu finden. Dem interessierten Leser bietet der Band außerdem an Hand von Aufsatzthemen und Lösungshilfen eine praktische Möglichkeit, sein Verständnis des Werkes zu prüfen und zu verinnerlichen. Textgrundlagen für die folgende Analyse sind die deutsche Ausgabe des Textes: Orwell, George: *1984*. München: Ullstein, 2001 (Übersetzung von Michael Walter) sowie das Penguin Taschenbuch: Orwell, George: *Nineteen Eighty-Four*. Harmondsworth: Penguin Books Ltd., 1989. Um ein schnelles Verständnis der Erläuterungen zu fördern, werden Textzitate aus der deutschen Übersetzung aufgeführt. In den Kapiteln 2.5 und 2.6 ist die englischsprachige Ausgabe Textgrundlage. Die Seitenangaben von Textzitaten sind an der jeweiligen Stelle im Text aufgeführt, die Quellenangaben der verwendeten Sekundärliteratur befinden sich in den entsprechenden Fußnoten.

1. George Orwell: Leben und Werk

1.1 Biografie

Jahr	Ort	Ereignis	Alter
1903	Motihari, Bengalen	Geburt Eric Arthur Blairs am 25. Juni als zweites Kind von Richard Walmesley Blair (1857–1939) und Ida Mabel Blair (1875–1943). Der Vater arbeitet als Kolonialbeamter im Opium-Department des **Indian Civil Service**, das den legalen Opiumhandel mit China kontrolliert. Die Mutter entstammt einer anglofranzösischen Teakholzhändlerfamilie.	
1904	Henley-on-Thames in Oxfordshire, England	Rückkehr der Mutter mit den beiden Kindern Marjorie und Eric nach England. Die Familie erwirbt ein Haus in Henley-on-Thames, Oxfordshire.	1
1908–1911	Henley-on-Thames	Besuch einer anglikanischen Klosterschule in Henley.	5–8
1911–1916	Eastbourne, Sussex	Besuch des privaten Internats St. Cyprian's zur Vorbereitung auf eine exklusive Public School.	8–13

Jahr	Ort	Ereignis	Alter
1912	Shiplake, Oxfordshire	Richard Blair kehrt aus dem Kolonialdienst als Pensionär zu seiner Familie nach England zurück. Die Familie bezieht ein Haus in Shiplake.	9
1914		Kriegserklärung Englands an Deutschland am 4. August. Eric Blairs patriotisches Gedicht *Awake! Young Men of England* wird in der Lokalzeitung *Henley and South Oxfordshire Standard* publiziert.	11
1915	Henley-on-Thames	Rückkehr der Familie nach Henley.	12
1917–1921	Eton	Eric Blair ist *King's Scholar* in der Traditionsschule Eton. Zu den Schulkameraden zählt u. a. Anthony Powell, der Schriftsteller Aldous Huxley unterrichtet Französisch. Mitarbeit an verschiedenen Schülermagazinen.	14–18
1921	Southwold, Suffolk	Umzug der Familie nach Southwold. Abschluss des Schulbesuchs in Eton.	18
1922–1927	Burma	Eric Blair dient der **Indian Imperial Police** in Burma an sechs verschiedenen Orten.	19–24
1927	Cornwall; Notting Hill, London	Eric Blair quittiert seinen Kolonialdienst. Später gibt er als Motive seine Abscheu vor	24

Jahr	Ort	Ereignis	Alter
		dem imperialistischen System, seinen Wunsch Schriftsteller zu werden und seinen schlechten Gesundheitszustand an. Die Erfahrungen als die eines offiziellen Vertreters des britischen Imperialismus finden ihren literarischen Niederschlag in dem Roman *Burmese Days*, den Essays *Shooting an Elephant* und *A Hanging* sowie teilweise in dem Roman *The Road to Wigan Pier*. Erste Expedition zu den Tramps ins Londoner East End; Umzug nach Notting Hill, London.	
1928–1929	Paris	Aufenthalt in Paris als Englischlehrer und Journalist, zuletzt als Tellerwäscher.	25–26
1930–1931	Southwold	Rückkehr zu den Eltern nach Southwold; häufige Expeditionen ins East End und zu den Hopfenpflückern in Kent. Verfasst Artikel für das Magazin *Adelphi* und beendet die erste Fassung von *Down and Out in Paris and London*.	27–28
1932–1933		Unterrichtet an einer Privatschule in Hayes, Middlesex.	29–30

Jahr	Ort	Ereignis	Alter
1933		*Down and Out in Paris and London* erscheint bei Victor Gollancz unter dem **Pseudonym George Orwell**.	30
1934–1936		Teilzeitangestellter in einem Londoner Buchladen.	31–33
1934		*Burmese Days* wird in den USA bei Harper & Brothers publiziert.	31
1935		*A Clergyman's Daughter*, ebenso *Burmese Days* erscheinen in England.	32
1936	Wallington, Hertfordshire	Am 9. Juni Heirat mit Eileen O'Shaughnessy. *Keep the Aspidistra Flying* erscheint bei Victor Gollancz. 17./18. Juli: Beginn des Spanischen Bürgerkriegs.	33
1937	Barcelona, England	Sechsmonatiger Aufenthalt in Spanien; kämpft auf republikanischer Seite in der Einheit der **P.O.U.M**, einer Partei, die mit der englischen **Independent Labour Party** in engem Kontakt steht. Am 20. Mai Halsdurchschuss, am 23. Juni Ausreise aus Spanien. *The Road to Wigan Pier* erscheint bei Victor Gollancz.	34
1938	Aylesford, Kent	Einlieferung wegen Tuberkulose in das Sanatorium Pres-	35

Jahr	Ort	Ereignis	Alter
		ton Hall. *Homage to Catalonia* erscheint bei Secker & Warburg. Eintritt in die **Independent Labour Party**.	
1938–1939	Marrakesch	Siebenmonatiger Aufenthalt in Marrakesch. Niederschrift des Romans *Coming up for Air*.	35–36
1939	Wellington, England	*Coming up for Air* erscheint bei Victor Gollancz. Arbeit an zahlreichen Essays und Artikeln.	36
1940	Regent's Park, London	*Inside the Whale* erscheint bei Gollancz. Eintritt in die **Home Guard**, eine Art Volksmiliz.	37
1941		*The Lion and the Unicorn* erscheint bei Secker & Warburg. Der Sammelband *The Betrayal of the Left* des Verlags Gollancz enthält Orwells Beiträge *Fascism and Democracy* und *Patriots and Revolution*.	38
1941–1943		Arbeit bei der BBC (British Broadcast Corporation) in der Abteilung für Südostasien. Über 200 Newsletters sowie andere Produktionen.	38–40
1943		Kündigung bei der BBC. Übernahme des Postens als Literaturredakteur bei der Wochenzeitung *Tribune*, für	40

Jahr	Ort	Ereignis	Alter
		die er regelmäßig die Kolumne *As I Please* sowie zahlreiche Buchbesprechungen und Pamphlete veröffentlicht. Beginn der Niederschrift von *Animal Farm*.	
1944	Canonbury Square, London	Adoption des Sohnes Richard Horatio, geboren am 14. Mai.	41
1945		Kündigung des Postens bei der *Tribune*. Tätigkeit als Kriegsberichterstatter für den *Observer* und die *Manchester Evening News*. Am 29. März stirbt Eileen Blair an den Folgen einer Narkose während einer Operation. *Animal Farm* erscheint bei Secker & Warburg. Erste Reise Orwells auf die Insel Jura, Schottland.	42
1946	Barnhill, Jura	*Critical Essays* erscheinen bei Secker & Warburg. Umzug für den Sommer nach Barnhill. Entwurf einer frühen Fassung von **Goldstein's Book** für den Roman *Nineteen Eighty-Four*.	43
1947–1948	Glasgow, Barnhill	Die **erste Fassung von Nineteen Eighty-Four** wird abgeschlossen. Orwells Gesundheitszustand verschlechtert	44–45

Jahr	Ort	Ereignis	Alter
		sich, Befund: Tuberkulosebefall der linken Lunge. Achtmonatiger Aufenthalt im **Hairmyres Hospital** bei Glasgow.	
1949	Cranham, Gloucestershire, London	Orwell wird schwer krank in die Tuberkuloseheilanstalt **Cotswold Sanatorium** in Cranham eingeliefert. ***Nineteen Eighty-Four*** erscheint bei Secker & Warburg in London und bei Harcourt Brace in New York. Einlieferung ins **University College Hospital** in London. Heirat im Krankenbett mit der Redaktionsassistentin Sonia Brownell.	46
1950	London	Tod Orwells am 21. Januar[1] in seinem 47. Lebensjahr.	46

---

1 Vgl. Orwell, Sonia, Angus, Ian (Hg.): *The Collected Essays, Journalism and Letters of George Orwell. Volume I, An Age Like This, 1920–1940. Volume II, My Country Right or Left, 1940–1943. Volume III, As I Please, 1943–1945. Volume IV, In Front of Your Nose, 1945–1950.* London: Secker & Warburg, 1968. [Im Folgenden wird diese vierbändige Sammlung als *CEJL I–IV* abgekürzt.] Schröder, Hans-Christoph: *George Orwell. Eine intellektuelle Biografie.* München: C.H. Beck, 1988. Howald; Stefan: *George Orwell.* Reinbek: Rowohlt, 1997

1.2 Zeitgeschichtlicher Hintergrund

25./26. Oktober 1917: Oktoberrevolution Übernahme der Macht im zaristischen Russland durch die **Bolschewiki** (Marxisten/Leninisten). Der Zar wurde durch das Militär gestürzt. Totalitäre Erscheinungen in der 1. Hälfte des 20. Jahrhunderts.

1922: Machtübernahme Mussolinis Benito **Mussolini** (1823–1945) gründete 1919 den **faschistischen Kampfbund** und übernahm 1922 die Macht in Italien. Mussolini gebärdete sich wie später Stalin und Hitler als Diktator und entledigte sich der Kritiker, indem er sie töten ließ. Verbündeter Hitlers.

22. Januar 1924: J. Ramsay MacDonald (Labour) wird britischer Premierminister Mit J. Ramsay MacDonald als britischem Premierminister (1924, 1929–1931) bekam die **Labour Party** Führungsgewalt. Traditionelle Prinzipien der **Labour** Partei – Demokratie, Gleichheit (**egalitarianism**) und kollektives Entscheiden – gerieten durch das mit dem Amt des Premierministers verbundene enorme Prestige in die Diskussion.

24. Oktober 1929: Weltwirtschaftskrise Ausgelöst durch einen Kurssturz an der New Yorker Börse am 24. 10. 1929. Ursachen waren Störungen im natürlichen Ausgleich als Folge des 1. Weltkrieges. Die ganze Welt wurde in Mitleidenschaft gezogen, da die USA nicht mehr in der Lage waren, Kredite zu zahlen.

1932: Hitler-Stalin Pakt Nichtangriffsvertrag zwischen NS-Deutschland und der UdSSR. Dieser kam für die anderen Mächte überraschend, galten diese Systeme doch als Feinde. In einem geheimen Zusatzprotokoll wurde die Kooperation zwischen den beiden Staaten bei der Einnahme Polens vereinbart.

30. Januar 1933: Machtergreifung NSDAP   Hitler wurde Reichskanzler. Das totalitäre Moment im **NS-Staat** war die Unterordnung allen wirtschaftlichen, kulturellen und gesellschaftlichen Lebens unter das **Führerprinzip**: Entscheidungen wurden nicht durch einen Mehrheitsentscheid getroffen, sondern von einer Person, dem **Führer**. Unter dem **Führer** Hitler gab es verschiedenste **Unterführer**. Dieses Prinzip war in allen Bereichen des NS-Staates zu finden (z. B. in der **Rassenlehre**: „Der **Untermensch** diente dem **Herrenmenschen**").

1936 bis 1939: Moskauer Schauprozesse Stalin (1879–1955) schloss sich 1903 den **Bolschewiki** an und machte ab 1917 eine steile Karriere in der KPDSU, deren Vorsitz er als Generalsekretär 1922 übernahm. Nach Lenins Tod im Jahre 1924 begann Stalin, sich selbst als uneingeschränkte Autorität zu stilisieren und seine Machtposition zu stärken. Den Höhepunkt seiner Macht erreichte er im 2. Weltkrieg, als er sowohl politisch als auch militärisch ein absoluter Alleinherrscher war. Dies nennt man auch **Stalinismus**: Auf den Befehl eines Einzelnen wurden Gegner sowohl politisch als auch physisch ausgeschaltet, ähnlich dem **Führerprinzip** im NS-Deutschland. Ein Mittel zum Erreichen seiner Macht waren die so genannten **Moskauer Schauprozesse**, die von 1936–1938 stattfanden. Unter fadenscheinigen Vorwänden (z. B. Verrat am Kommunismus) wurden Kritiker Stalins, wie z. B. Trotzki, vor ein Tribunal gestellt und in den meisten Fällen hingerichtet.

Juli 1936 bis April 1939: Spanischer Bürgerkrieg General **Franco** und ihm ergebene Truppen rebellierten gegen die republikanische Regierung, die sich vor allem auf sozialistische Gruppen wie die **P.O.U.M** (Partido Obrero de la Unificatión Marxista) stützte. Der Spanische Bürgerkrieg entwickelte sich zum **Stellvertreterkrieg zweier absolutistischer Mächte und Ideologien.** Franco wurde insbesondere vom deutschen Reich und vom faschistischen Italien passiv, aber auch aktiv (Einsatz der deutschen Luftwaffenlegion **Condor**) unterstützt. Auf Seiten der spanischen Regierung kämpften die **Internationalen Brigaden**, Freiwilligenverbände von Sozialisten, Kommunisten und Anarchisten aus ganz Europa. Von außen erfuhr die spanische Regierung Militärhilfe von der UdSSR. Im Inneren Spaniens unterstützten Traditionalisten aller Art (z. B. klerikale) und **Falangisten** (spanische faschistoide Bewegung) General Franco, der schließlich zum Diktator wurde.

10. **Mai 1940: Winston Churchill (Conservative) wird britischer Premierminister** Winston Churchill war als britischer Premierminister von 1940–1945 einer der Führer der Alliierten während des Zweiten Weltkrieges. Nach der Wahlniederlage der **Conservatives** im Jahre 1945 war er Oppositionsführer, bis er 1951–1955 erneut Premierminister wurde.

Bis Ende 1941: Luftkrieg über London Als Luftkrieg über London bezeichnet man den Versuch der deutschen Luftwaffe, die Lufthoheit über England zu erlangen, um die Bedrohung deutscher Invasionstruppen durch die **Royal Air Force** zu vermeiden. Diese massiven deutschen Luftoperationen im englischen Luftraum fanden bis Ende 1941 statt. London wurde zuletzt 1944 Ziel deutscher Luftangriffe.

28. **November bis 1. Dezember 1943: Konferenz von Teheran: Churchill** (UK), **Stalin** (UdSSR) und **Roose-**

velt (USA) berieten über militärische Zusammenarbeit und Friedensbedingungen für Deutschland.

17. Juli bis 2. August 1945: Potsdamer Konferenz Dreimächtekonferenz: Truman (USA), Stalin (UdSSR) und Churchill (UK) berieten und entschieden über die Nachkriegsbehandlung Deutschlands.

26. Juli 1945: Clement Attlee (Labour) wird britischer Premierminister Als Labour-Premierminister der Nachkriegsjahre (1945–1951) sicherte Attlee den **postwar political consensus** (u. a. Koexistenz von privater und (extensiv) staatlicher Wirtschaft, Nationalisierung sozialer Dienste – **National Health Service, Welfare State**). Der korporative Sozialismus und seine Auswirkungen auf die Ideologie der **Labour** Partei führte zu Kritik auf Seiten intellektueller Parteiglieder.

6. und 9. August 1945: Abwurf der ersten Atombomben – Kalter Krieg Die erste Atombombe wurde von den USA am 6. 8. 1945 über der japanischen Hafenstadt **Hiroshima** abgeworfen und zerstörte diese zu 60 %. Am 9. 8. 1945 fiel die zweite Atombombe auf **Nagasaki**, Japan. Als Begründung gaben die USA an, dass man den Krieg schnellstmöglich beenden und weitere eigene Opfer verhindern wollte. Außerdem sollte der Kampfeswille der japanischen Bevölkerung gebrochen werden. **Inoffiziell demonstrierte man aber der UdSSR seine Macht, da sich der Ost-West-Konflikt abzuzeichnen begann. Kalter Krieg** bezeichnet die diplomatische, wirtschaftliche oder propagandistische Kriegsführung ohne direkte militärische Konfrontation. Der **Ost-West-Konflikt** war ein **Konflikt zwischen zwei Ideologien**: Kapitalismus (USA und Westeuropa) vs. Kommunismus (UdSSR und verbündete Ostblockstaaten).

4. **April 1949: Gründung der Nato – North Atlantic treaty Organisation** (Nordatlantik-Pakt), Verteidigungsbündnis zwischen USA, UK, Frankreich, Italien, Deutschland, den Beneluxländern, Island, Dänemark, Portugal und der Türkei gegen die kommunistischen Länder, die sich ihrerseits im **Warschauer Pakt** zusammenfassten.

1.3 Angaben und Erläuterungen zu den wesentlichen Werken

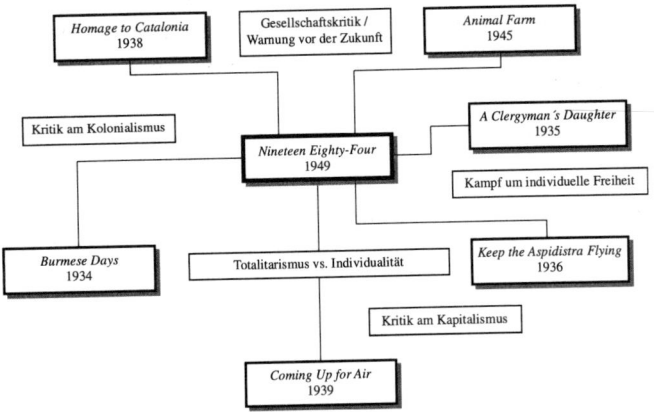

2. Textanalyse und -interpretation

2.1 Entstehung und Quellen

Obwohl George Orwell die Idee zu seinem utopischen Roman *Nineteen Eighty-Four* bereits im Jahre 1940 kam, führen die ersten, erhalten gebliebenen Notizen eines Entwurfs auf das Ende des Jahres 1943 und den Beginn des Jahres 1944 zurück.

> Entstehungszeit von 1943 bis 1948

Bei der Wahl des Titels schwankte der Autor zwischen *Nineteen Eighty-Four* und *The Last Man in Europe*[2]. Eine frühe Fassung von *Goldstein's Book* als Teil des Romans ist auf den Sommer 1946 datiert. Fertig gestellt hat der schwerkranke Autor das Werk in Barnhill auf der Insel Jura im Jahre 1948. Während der Abfassung des Manuskripts hat sich sein Gesundheitszustand stets verschlechtert[3], im Jahre 1949 wurde er von einer Tuberkuloseheilanstalt in das **University College Hospital** in London verlegt, wo er wenig später, im Jahre 1950, verstarb. Im Juni 1949 wurde der Roman bei **Secker & Warburg** in London und bei **Harcourt Brace** in New York veröffentlicht[4].

In seiner Warnutopie *Nineteen Eighty-Four* entwirft Orwell eine in drei Großstaaten aufgeteilte Welt nach dem dritten Weltkrieg. England ge-

> Warnung vor der Zerstörung von Individualität durch totalitäre Erscheinungen

---

2 Vgl. *CEJL IV*, S. 448
3 *"My new book is a Utopia in the form of a novel. I ballsed it up rather, partly owing to being so ill while I was writing it (...)"* (Brief an Julian Symons vom 4. Februar 1949. In: CEJL IV, S. 475)
4 Vgl. Davison, Peter (Hg.): *Orwell and Politics*. London: Penguin Books Ltd, 2001, S. 499–500 und Schröder, S. 241–252

hört dem utopischen Großstaat **Oceania** an, der von einem totalitären, unangreifbaren Parteiapparat regiert wird.

Überwachung, **Gedankenpolizei**, Kulturzerstörung und permanente Kriegsführung dienen als Mittel zur Machterhaltung und zur systematischen Zerstörung von Individualität.

Totalitäre Systeme gehören zum unmittelbaren, realen Erfahrungshorizont des Autors (siehe 1.2), und somit entstammen viele Aspekte des Romans der tatsächlichen und einer gesteigerten, weitergedachten Wirklichkeit. In seinem Rundfunkgespräch **Literature and Totalitarianism** aus dem Jahre 1941 beschreibt Orwell Beobachtungen, die sich auch in *Nineteen Eighty-Four* widerspiegeln:

> „*We live in an age in which the autonomous individual is ceasing to exist – or perhaps one ought to say, in which the individual is ceasing to have the illusion of being autonomous. (...) Totalitarianism has abolished freedom of thought to an extend unheard of in any previous age. (...) It not only forbids you to express – even to think – certain thoughts, but it dictates what you shall think, it creates an ideology for you, it tries to govern your emotional life as well as setting up a code of conduct. And as far as possible it isolates you from the outside world, it shuts you up in an artificial universe in which you have no standards of comparison. The totalitarian state tries, at any rate, to control the thoughts and emotions of its subjects at least as completely as it controls their actions.*"[5]

In seinem Aufsatz *Why I Write* aus dem Jahre 1946 erläutert der Autor Orwell seine Auffassung von den Motiven schrift-

---

5   *Literature and Totalitarianism.* Ein Rundfunkgespräch des BBC, gedruckt im *Listener* vom 19. Juni 1941. In: CEJL II, S. 134–137

stellerischer Tätigkeit. Hierbei führt er u. a. zwei Hauptmotive für das Verfassen von Prosa auf, den **historischen Impuls** und den **politischen Zweck**.

> Hauptmotive: Historischer Impuls und politischer Zweck

Nach Orwell will der Schriftsteller wahre Fakten aufspüren, für die Nachwelt aufbewahren und somit die Welt in eine bestimmte Richtung weisen. In diesem Zusammenhang beschreibt Orwell selbst den Erfahrungshorizont, aus dem er bei der Niederschrift von *Nineteen Eighty-Four* schöpft:

> „First I spent five years in an unsuitable profession (the Indian Imperial Police, in Burma), and then I underwent poverty and the sense of failure. This increased my natural hatred of authority and made me for the first time fully aware of the working classes, and the job in Burma had given me some understanding of the nature of imperialism: but these experiences were not enough to give me an accurate political orientation.
>
> Then came Hitler (...). The Spanish war and other events in 1936–37 turned the scale and thereafter I knew where I stood. Every line of serious work that I have written since 1936 has been written, directly or indirectly, ***against*** totalitarianism and **for** democratic Socialism, as I understand it. It seems to me nonsense, in a period like our own, to think that one can avoid writing of such subjects. (...) I write it [a book] because there is some lie I want to expose, some fact I want to draw attention, and my initial concern is to get a hearing."[6]

> Biografische Aspekte

Orwells letztes Werk stellt gewissermaßen die Summe seines Denkens und seiner Befürchtungen dar. Themen wie die

---

6   *Why I Write*, 1946. In: CEJL I, S. 1–7

Wirkungslosigkeit individuellen Handelns und die **Niederlage des Protagonisten nach Versuchen der Auflehnung und des Widerstandes** erfahren in *Nineteen Eighty-Four* eine letzte Steigerung: Die Persönlichkeit des Helden ist zuletzt vollkommen zerstört.

Über seine Intentionen des Romans *Nineteen Eighty-Four* schreibt George Orwell in einem Brief vom Dezember 1948:

> *„What it is really meant to do is to discuss the implications of dividing the world up into 'Zones of influence' (I thought of it in 1944 as a result of the Teheran conference), and in addition to indicate by parodying them the intellectual implications of totalitarianism."*[7]

Intention: Darstellung einer Aufteilung der Welt in Einflusszonen und mögliche Konsequenzen; parodistische Aspekte

Nach Veröffentlichung wurde der Roman, insbesondere in den USA, von der politischen Rechten sogleich als Waffe im Kampf gegen den Sozialismus benutzt. In diesem Zusammenhang sah sich Orwell gezwungen, in einem Schreiben zu erklären, dass sein Buch keinen Angriff auf den Sozialismus oder die britische **Labour Party** darstelle:

> *„My recent novel is NOT intended as an attack on Socialism or on the British Labour Party (of which I am a supporter) but as a show-up of the perversions to which a centralised economy is liable and which have already been partly realised in Communism and Fascism. I do not believe that the kind of society I describe necessarily **will** arrive, but I believe (allowing of*

---

7   Brief vom Dezember 1948. In: CEJL IV, S. 460

*course for the fact that the book is a satire) that something resembling it could arrive. I believe also that totalitarian ideas have taken root in the minds of intellectuals everywhere, and I have tried to draw these ideas out to their logical consequences. The scene of the book is laid in Britain in order to emphasise that the English-speaking races are not innately better than anyone else and that totalitarianism, **if not fought against**, could triumph anywhere.* "[8]

Orwell nutzt die Gattung der **Utopie** (Dystopie), um durch den Entwurf eines Negativ-Staates auf satirische Weise die gegenwärtigen Zustände anzuprangern.

> Kampf gegen Totalitarismus

Literarische Quellen

Nineteen Eighty-Four steht in der Tradition utopischer Romane und politischer Satiren, wie Swifts *Gulliver's Travels* (1726), H. G. Wells *When the Sleeper Awakes* (1899), Jewgenij Samjatins *My* (1923), Aldous Huxleys *Brave New World* (1932) und James Burnhams *The Managerial Revolution* (1941).

---

8   Auszug aus einem Brief an Francis A. Henson aus dem Jahre 1949. In: CEJL IV, S. 502

2.2 Inhaltsangabe

Hintergrund

Nach dem Atomkrieg der 50er Jahre ist die Welt im Jahre 1984 in drei Staaten unterteilt – **Eastasia, Eurasia** und **Oceania** –, die sich ununterbrochen im Krieg gegeneinander befinden. England, das in dem Roman **Landefeld 1** heißt, und **London** gehören dem Großstaat **Oceania** an, der von der autoritären **Ingsoc-Partei** und ihrem allmächtigen Führer **Big Brother** beherrscht wird. Plakate mit dem Bild eines schnauzbärtigen Mannes und der Warnschrift **BIG BROTHER IS WATCHING YOU** prägen das Straßenbild des verwüsteten Londons der ersten Jahrhunderthälfte. Der Regierungsapparat der Partei verteilt sich auf vier mächtige Ministeriengebäude, dem **Ministry of Peace** (Ministerium für Frieden), dem **Ministry of Love** (Ministerium für Liebe), dem **Ministry of Plenty** (Ministerium für Überfülle) und dem **Ministry of Truth** (Ministerium für Wahrheit), auf dessen Frontseite die Parteiparole angebracht ist: **WAR IS PEACE – FREEDOM IS SLAVERY – IGNORANCE IS STRENGTH** (Krieg ist Frieden – Freiheit ist Sklaverei – Unwissenheit ist Stärke). Die Partei selbst (15 % der Bevölkerung) hat ihr Zentrum in der **Inner Party**, während der größere Mitgliederanteil der **Outer Party** angehört. Den Großteil der Bevölkerung (85 %) bilden die **Proles**, in Armut lebende Industrie- und Landarbeiter. Um ihre Macht auf ewig zu erhalten, kontrolliert die Partei die Bevölkerung durch den Einsatz der **Thought Police** (Gedankenpolizei) und in allen Räumen angebrachten, nicht abschaltbarer **Teleschirme**, die gleichzeitig Sende- und Aufnahmegeräte sind. Um die Parteimitglieder der **Thoughtcrime** (Gedankenverbrechen) zu überführen, werten die Teleschirme Bild

und Ton aus. Sobald Parteimitglieder den Verdacht des Ge-
dankenverbrechens auf sich gelenkt haben, verschwinden
sie in den Katakomben des Ministeriums für Liebe. Der
größte Feind des totalitären Systems **Oceanias** ist Emmanuel Goldstein. Als abtrünniger Parteiführer steht er in dem
Verdacht, an der Spitze einer Untergrundorganisation, die
sich **Brotherhood** (Brüderschaft) nennt, den Sturz des Regimes zu planen.

Erster Teil
Kapitel 1

Es ist der 4. April im Jahre 1984. Der 39-jährige Winston
Smith, Mitglied der **Outer Party**,
kommt in der Mittagspause nach
Hause. Winston arbeitet in der Regis-
trierabteilung des **Ministry of Truth**, welches für Nachrichten, Unterhaltung und Kultur zuständig ist.

Winston begeht
thoughtcrime

In seiner Wohnung des baufälligen **Victory**-Blocks legt er in
einer vom Teleschirm nicht einsehbaren Nische ein Tagebuch an. Da in **Oceania** jegliche Äußerung individueller,
persönlicher Gefühle verboten ist, begeht Winston bewusst
thoughtcrime und riskiert Gefangenschaft und Todesstrafe.
Während seines Arbeitstages hat sich nichts Außergewöhnli-
ches ereignet. Um elf Uhr hat er an dem **Two Minutes
Hate** (Zwei-Minuten-Hass) teilgenommen, während der sich
die Parteigenossen vor einem riesigen Teleschirm versam-
meln und in unbeherrschte Raserei versetzt werden. Ihr
Hass wird gezielt auf den Staatsfeind Emanuel Goldstein gelenkt, der angeblich das Regime des großen Beschützers **Big
Brother** stürzen will und Rechte wie beispielsweise Mei-
nungsfreiheit fordert. Wenn auch Opfer der massenhypnoti-
schen Wirkung der **Hass-Sendung**, so hat es Winston den-

noch geschafft, seinen Hass gegen den **Big Brother** zu richten.

Im Rahmen des **Two Minutes Hate** ist Winston einem Mitglied der **Inner Party** namens O'Brien begegnet, in dem er einen Verbündeten zu erkennen meint. Ihre Blicke haben sich am Ende der Veranstaltung gekreuzt und Winston glaubt, dass O'Brien von seiner kritischen Einstellung gegenüber der Partei weiß und mit dieser sympathisiert. Ein attraktives dunkelhaariges Mädchen, das eine scharlachrote Schärpe trägt – das Abzeichen der **Junior Anti-Sex League** (Junioren Anti-Sex Liga) – hat Winstons Hass auf Frauen hervorgerufen. Winston hält seine weiblichen Genossen für blind ergebene Parteianhänger und freiwillige Spitzel der **Thought Police**, mit deren Hilfe man **thoughtcrime** aufspüren kann.

Nach einer Weile stellt Winston erschrocken fest, dass er während seiner Grübelei automatisch in seinem Tagebuch weitergeschrieben hat. Eine ganze Seite ist mit dem Satz „NIEDER MIT DEM GROSSEN BRUDER" (S. 26) beschrieben, was ihm sein **thoughtcrime** deutlich vor Augen führt. Während er darüber nachdenkt, dass er **vaporisiert** werden wird, klopft es an der Tür.

Stichwörter/wichtige Textstellen:
Parteiparole: „Krieg ist Frieden – Freiheit ist Sklaverei – Unwissenheit ist Staerke" (S. 10); Tagebuch; **thoughtcrime**

Kapitel 2
Winstons Nachbarin Mrs Parsons hat an die Tür geklopft, um ihn zu bitten, das verstopfte Abflussrohr ihrer Küchenspüle zu reinigen. Mrs Parsons ist die Frau eines begeisterten Parteigenossen namens Tom Parsons, mit dem Winston

zusammen im Ministerium für Wahrheit arbeitet. Nachdem Winston der Bitte nachgekommen ist und den Abguss gereinigt hat, wird er von den beiden Parsons-Kindern als eurasischer Spion und Verräter beschimpft. Entschuldigend erklärt Mrs Parsons Winston, dass ihre Kinder an diesem Tage ungehalten seien, da sie nicht zum öffentlichen **Hängen** gehen könnten, einer regelmäßigen und beliebten Form öffentlicher Unterhaltung, während der Kriegsgefangene durch Erhängen hingerichtet werden. Während Winston in seine Wohnung zurückkehrt, denkt er über das gegenwärtige Familienleben nach. Eltern müssen ständig damit rechnen, von ihren Kindern der **Thought Police** ausgeliefert zu werden, da diese durch Organisationen wie die **Youth League** und die **Spies** zu Spionen für die Partei erzogen werden.

Zurück in seinem Zimmer versucht Winston die Arbeit an seinem Tagebuch wieder aufzunehmen, doch seine Gedanken kreisen erneut um O'Brien und einen merkwürdigen alten Traum, den er nun mit O'Brien in Verbindung bringt.

> Winstons Traum von O'Brien und dem
> **Ort ohne Dunkelheit**

Während dieses Traumes hat er sich in einem finsteren Raum befunden und eine Stimme vernommen, die sagte: „Wir werden uns an dem Ort treffen, wo keine Dunkelheit herrscht" (S. 34). Er ist davon überzeugt, dass es O'Briens Stimme gewesen ist und dass zwischen ihnen eine besondere Verbindung besteht. Hierbei scheint es ihm nicht von Bedeutung, ob O'Brien Freund oder Feind ist, solange sich die Worte bewahrheiten würden. In seinem Tagebuch verfasst Winston einen Gruß an die Vergangenheit, in der Gedankenfreiheit herrschte und Individualität respektiert wurde, und beschließt, obwohl **thoughtcrime** der Tod **ist**, so lange wie möglich gesund und lebendig zu bleiben. Nachdem er die Tinte von seinen Fingern entfernt hat, legt er sein Tagebuch in eine Schublade und platziert ein Staubkorn auf eine Ecke des Einbandes, um später erkennen zu können, ob das Buch berührt worden ist.

Stichwörter/wichtige Textstellen:
„Es musste vor sieben Jahren gewesen sein – hatte er geträumt, er gehe durch ein stockdunkles Zimmer. Und jemand, der seitlich von ihm saß, hatte zu ihm gesagt: ‚Wir werden uns an dem Ort treffen, wo keine Dunkelheit herrscht.' (...) O'Brien hatte aus dem Dunkel zu ihm gesprochen. (...) Zwischen ihnen herrschte ein Einvernehmen, das wichtiger war als Zuneigung oder Parteigängerschaft." (S. 33–34);
„Grüße! – aus dem Zeitalter der Uniformität, aus dem Zeitalter der Einsamkeit, aus dem Zeitalter des Großen Bruders, aus dem Zeitalter des Doppeldenk – Grüße!" (S. 37)

Kapitel 3
Winston träumt von seiner Vergangenheit. Im Traum sieht er Mutter und Schwester, die während der ersten großen **Säuberungsaktionen** der 50er Jahre verschwunden sind, in dem Saal eines Schiffes in die Tiefe sinken. Die beiden starren ihn an. Winston fühlt, dass sie sich für ihn geopfert haben, eine Tat aus Liebe, die gegenwärtig undenkbar wäre. Im nächsten Augenblick befindet er sich in einer Traumlandschaft, die er **the Golden Country** (das Goldene Land) nennt. Plötzlich erscheint das dunkelhaarige Mädchen, das ihm während der Arbeit begegnet ist, und wirft ihre scharlachrote Schärpe, das Symbol der Keuschheit, von sich. Winston erwacht mit dem Wort **Shakespeare** auf den Lippen.

Vergangenheit und Gegenwart

Während der alltäglichen, schmerzhaften Morgengymnastik vor dem Teleschirm versucht Winston sich an seine Kindheit zu erinnern – seinen Vater sah er zuletzt während eines Luftangriffs. Seit diesem Zeitpunkt ist der Krieg endlos gewesen, doch Winston kann sich nicht an historische Details erinnern. Geschichte steht ausschließlich unter Kontrolle der Partei und wird von dieser so oft wie nötig verändert. So ist beispielsweise der gegenwärtige Feind **Oceanias Eurasia**, der Verbündete **Eastasia**, und der Partei nach hat es sich immer so verhalten. Winston weiß, dass es vor erst vier Jahren umgekehrt gewesen ist, doch dieser Fakt wird von der mächtigen Propagandamaschinerie der Partei ausgelöscht. Dokumente der Vergangenheit werden entweder zerstört oder zweckmäßig umgeschrieben, was die Partei **reality control** (Realitätskontrolle), oder in **Newspeak**, der Parteisprache, **doublethink** (Doppeldenk), nennt. **Doublethink** bedeutet, dass man einerseits weiß, dass etwas geschehen ist, und gleichzeitig glaubt, dass es nicht passiert ist. Solche Gedanken beweisen Winston, dass er der Parteidoktrin noch nicht vollständig zum Opfer gefallen ist.

Stichwörter/wichtige Textstellen:
The Golden Country (S. 41); „Das Mädchen mit dem schwarzen Haar" (S. 41); „(...) das Krampfadergeschwür hatte zu jucken begonnen" (S. 42); Parteiparole: „Wer die Vergangenheit kontrolliert, (...), kontrolliert die Zukunft, wer die Gegenwart kontrolliert, kontrolliert die Vergangenheit" (S. 45); **Reality control**; **doublethink**; **Ingsoc**; Fälschung historischer Fakten

Kapitel 4

Winston ist bei seiner Arbeit in der Dokumentations-Abteilung des **Ministry of Truth**. Es ist seine Aufgabe, Aufzeichnungen jeder Art zu verändern und der Parteiideologie anzupassen. Hierbei handelt es sich insbesondere um Versprechen des **Big Brother** in alten Reden, die sich in der Gegenwart nicht bewahrheitet haben. Sobald Winston die Dokumente umgeschrieben hat, verschwindet das alte Material für immer im **Gedächtnis-Loch**. Auf diese Weise kann jede Äußerung und Prophezeiung der Partei dokumentarisch belegt werden.

Fälschung der Vergangenheit

Obwohl Winston weiß, dass er historische Fakten fälscht, mag er seine Arbeit.

Die Dokumentations-Abteilung ist lediglich ein kleiner Teil des **Ministry of Truth**, das sowohl die Abteilungen für Literatur und Nachrichten für Parteimitglieder als auch ähnliche Abteilungen auf einem „niedrigeren" Niveau für die **Proles** beschäftigt. Hauptlektüre für die **Proles** sind triviale Illustrierte oder pornografische Zeitschriften, die in versiegelten Paketen unters Volk gebracht werden.

Winstons schwierigste Aufgabe an diesem Arbeitstag ist die Veränderung eines Zeitungsberichtes der *Times*, in dem **Big Brother** einen Parteigenossen namens **Withers** lobt. Gegenwärtig ist **Withers** jedoch eine **Unperson**, was soviel heißt wie tot durch Hinrichtung. Das einstige Lob des **Führers** soll nun vernichtet werden.

Stichwörter/wichtige Textstellen:

„Tagtäglich und fast minütlich wurde die Vergangenheit aktualisiert." (S. 52);   „Statistiken waren in ihrer Originalfassung ebenso ein Fantasieprodukt wie in ihrer berichtigten Version." (S. 53)

Kapitel 5

Während der Mittagspause in der Kantine begegnet Winston Syme, einem Sprachwissenschaftler und streng gläubigen Parteigenossen. Syme ist Experte auf dem Gebiet **Newspeak** und momentan mit der Erstellung der elften Ausgabe des **Newspeak** Wörterbuchs beauftragt. Während des Essens erläutert Syme Winston seine Arbeitsweise. Täglich

> Parteiideologie und ihre Auswirkungen

werden Hunderte von Wörtern abgeschafft, um die Sprache auf das Notwendige zu reduzieren. **Oldspeak**, so Syme, habe zu viele undeutliche Begriffe und eine nutzlose Bedeutungsvielfalt. Wofür brauche man das Wort **bad**, wenn man denselben Sachverhalt einfach durch **ungood** ausdrücken könne. Das Endziel der **Newspeak**, der radikalen Reduzierung des Wortschatzes, ist für die Partei von enormer Bedeutung, da es die Ausrottung von **thoughtcrime** ermöglicht.
Obwohl Syme ein streng gläubiges Parteimitglied ist, so hält Winston ihn doch für zu klug, um zu überleben.
Parsons, Winstons Nachbar, setzt sich zu ihnen an den Tisch und erzählt stolz von seinen Kindern, die sich zu parteitreuen Spionen entwickeln. Am Nebentisch sitzt eine Frau, die Winston plötzlich als das dunkelhaarige Mädchen wiedererkennt, das er zusammen mit O'Brien und in seinem Traum gesehen hat. Ihre Blicke treffen sich und Winston befürchtet, dass sie ihm nachspioniert.

Stichwörter/wichtige Textstellen:

„Die Proles sind keine Menschen" (S. 67); „Das ganze Denkklima wird anders sein. Es wird **überhaupt** kein Denken mehr geben, wenigstens nicht in unserem heutigen Sinne. Orthodoxie heißt: nicht denken, nicht denken müssen. Orthodoxie ist Unbewusstheit." (S. 68)

Kapitel 6

Winston beschreibt in seinem Tagebuch ein drei Jahre zurückliegendes, unerfreuliches Treffen mit einer Prostituierten. Die Strafe für den Umgang mit Prostituierten bedeutet

Sexualität und Parteiideologie

zwar mindestens fünf Jahre Zwangsarbeitslager, doch eine sexuelle Beziehung zu einem Parteimitglied ist ein gewichtigeres Verbrechen. Während er an das Erlebnis mit der Prostituierten denkt, fällt ihm seine „entfremdete" Frau Katherine ein, von der er seit elf Jahren getrennt lebt, da Scheidungen nicht erlaubt sind.

Katherine sei eine hübsche Frau gewesen, die jedoch vollkommen der Parteidoktrin unterläge. Selbst das sexuelle Leben sei für sie reine Pflichterfüllung und diene ihrer Überzeugung nach nur der Fortpflanzung für die Partei. Die Partei hat hierfür sogar eine Erziehungsinstitution gegründet, die **Junior Anti-Sex League**, welche Keuschheit und künstliche Befruchtung propagiert.

Zuletzt erinnert sich Winston erneut an die Prostituierte und schreibt in sein Tagebuch, wie er vor lauter Schminke erst spät erkannt habe, dass sie alt und zahnlos gewesen sei.

Stichwörter/wichtige Textstellen:
„Die Partei versuchte, den Geschlechtstrieb abzutöten oder, wenn er sich nicht abtöten ließ, ihn doch wenigstens zu verformen und in den Schmutz zu ziehen." (S. 83)

Kapitel 7

Winston glaubt, dass die Partei nur durch einen Aufstand der **Proles** gestürzt werden könne, da diese 85 % der Bevölkerung **Oceanias** bilden. Durch gezielte Propagandastrategien schafft es die Partei jedoch, die **Proles** „dumm" zu halten. So wird ihnen einerseits eingetrichtert, dass die Partei sie von der vorrevolutionären Ausbeutung und Unterdrückung durch „Kapitalisten" befreit habe. Andererseits hält die Partei diese Menschen absichtlich am Rande des Existenzminimums, um sie durch den Überlebenskampf von Emanzipation fern zu halten. Die Partei betrachtet die Proles als natürlich minderwertig.

Winston hat sich von den Parsons ein Schulbuch geliehen, von dem er einige Auszüge in sein Tagebuch kopiert. Dem Buch nach handelt es sich bei der vorrevolutionären Zeit um eine Zeit, in der die „Kapitalisten", deren „Oberhaupt" man als „König" bezeichnet habe, Zylinder getragen und Kinder als Sklaven gehalten hätten. Winston hält diese Beschreibungen jedoch für falsch, da er einst, im Jahre 1973, einen eindeutigen Beweis für Geschichtsfälschung in der Hand gehalten hat.

> Winstons Beweis für Geschichtsfälschung

Im Jahre 1965 wurden die letzten Überlebenden der einstigen Führer der Revolution festgenommen. Dem üblichen Verfahren nach sind sie erst ein Jahr lang verschwunden und haben anschließend sämtliche Sabotageakte gestanden. Vor ihrer endgültigen Eliminierung wurden sie begnadigt und wieder in die Partei aufgenommen. Während der kurzen Zeit ihrer Begnadigungsfrist hat Winston sie im Café **Kastanienbaum** gesehen und entsetzt ihre verstümmelten Gesichter betrachtet. Im Jahre 1973 ist ihm während seiner Arbeit ein *Times*-Artikel in die Hände geraten, der ein datiertes Foto der drei Männer in New York, in **Eastasia**, enthielt. Winston ist sich jedoch sicher gewesen, dass die Männer gestanden hatten, sich zu dieser Zeit in **Eurasia** befunden zu haben. Somit müssen die Geständnisse Lügen gewesen sein. In Panik vor der **Thought Police** hat Winston das Beweispapier jedoch sofort vernichtet, eine Tat, die er nun zutiefst bereut.

Es ist das Ziel der Partei, den gesunden Menschenverstand und die Funktion des Gedächtnisses zu zerstören. Am Ende, so Winston, würde man sogar fähig sein zu akzeptieren, dass „zwei und zwei fünf" seien (S. 99), falls die Partei das vorschriebe. Winston fühlt, dass er das Tagebuch für O'Brien schreibt und beharrt zuletzt auf seinem Grundsatz: Freiheit sei die Freiheit zu sagen, dass zwei und zwei vier ergäben.

Stichwörter/wichtige Textstellen:

„In dem Gefühl, zu O'Brien zu sprechen und gleichzeitig ein wichtiges Axiom aufzustellen, schrieb er: **Freiheit bedeutet die Freiheit, zu sagen, dass zwei und zwei vier ist. Gilt dies, ergibt sich alles übrige von selbst.**" (S. 100–101)

Kapitel 8

Anstatt den Abend mit Parteimitgliedern im **Community Centre** zu verbringen, riskiert Winston einen Spaziergang durch die **Proles**-Viertel der Stadt, obwohl Einzelgängertum von der Partei nicht gern gesehen wird. Er erlebt einen Bombenangriff mit, durch den mehrere Häuser zerstört werden, und hört **Proles**-Männer über die Lotterie diskutieren, die das **Ministry of Plenty** für die Proles organisiert.

Winstons Suche nach der Vergangenheit

Schließlich findet er sich bei dem Altwarenladen wieder, in dem er das Tagebuch gekauft hat. Der Besitzer stellt sich als Mr Charrington vor, obwohl er laut Ladenaufschrift Weeks heißt. Winston ist fasziniert von einem gläsernen Briefbeschwerer, der in sich eine Korallenperle einschließt, und kauft ihn. Als der Besitzer ihm einen altmodischen, gemütlichen Raum im ersten Stock zeigt, verspürt Winston das Verlangen nach einem warmen und sicheren Heim. Laut Charrington befindet sich in diesem Zimmer kein Teleschirm. Der Besitzer zeigt Winston ein Gemälde der alten Kirche **St. Clement Danes** und spricht einen Reim dazu. Fasziniert verlässt Winston den Laden.

Auf der Straße sieht er plötzlich das dunkelhaarige Mädchen aus dem **Fiction Department** auf ihn zu kommen. Er ist sicher, dass sie eine Spionin der **Thought Police** ist, und denkt sogar darüber nach, sie mit seinem Briefbeschwerer zu erschlagen.

Zuhause angekommen, denkt Winston über seine Zukunft nach, die zweifellos in Gefangenschaft, Folter und Hinrichtung enden wird. Er nimmt eine Münze aus seiner Tasche, betrachtet das Gesicht des **Big Brother** und fragt sich, was für ein Lachen hinter dem dunklen Schnurrbart versteckt ist.

Stichwörter/wichtige Textstellen:

„Orangen und Limonen, läutet's von St. Clement (...)" (S. 121); **paperweight**;

„,Wir werden uns an dem Ort treffen, wo keine Dunkelheit herrscht', hatte O'Brien zu ihm gesagt. Er wusste, was das bedeutete, oder glaubte es zu wissen. Der Ort, an dem keine Dunkelheit herrscht, war die erdachte Zukunft (...). Das Gesicht des Großen Bruders stieg in ihm auf und verdrängte O'Briens Züge. (...) Das Gesicht starrte zu ihm empor, ernst, ruhig, beschützend: Doch welches Lächeln lag unter dem schwarzen Schnurrbart verborgen?" (S. 126–127)

Zweiter Teil

Kapitel 1

Einige Zeit später begegnet Winston erneut dem dunkelhaarigen Mädchen im Ministerium. Sie trägt ihren rechten Arm in einer Schlinge. Als sie an Winston vorbeigeht, stolpert sie plötzlich und fällt auf den verletzten Arm. Während Winston ihr hilft aufzustehen, drückt sie ihm ein Stück Papier in die Hand. Bei der nächstbesten Gelegenheit holt Winston das Papier hervor und findet die Botschaft „**Ich liebe Dich**" (S. 134).

Die Liebesbotschaft

Trotz Verwirrung verspürt Winston einen neuen Lebenstrieb. Es dauert eine Woche, bis Winston in der Kantine die Gelegenheit nutzt und das Mädchen anspricht. Sie verabreden ein Treffen für denselben Abend am **Victory Square**, wo sie hoffen, unter der Menschenmenge nicht aufzufallen.

Sie treffen nacheinander dort ein und als ein Transport eurasischer Gefangener den Platz überquert, drängelt sich Winston neben das Mädchen. In der Menge gibt ihm das Mädchen präzise Anweisungen über Ort und Zeitpunkt eines Treffens am kommenden Sonntag. Sie trauen sich nicht, einander anzusehen, aber ihre Hände berühren sich.

! **Stichwörter/wichtige Textstellen:**

„Angesichts der Worte **Ich liebe Dich** war sein Lebenswille erwacht, und es erschien ihm plötzlich töricht, kleine Risiken einzugehen." (S. 135)

Kapitel 2

Wie verabredet treffen sich Winston und das Mädchen am Sonntag in einer menschenleeren Frühlingslandschaft außerhalb Londons. Doch auch hier müssen sie vorsichtig sein, da überall

Treffen im Golden Country

Mikrofone versteckt sein könnten. Das Mädchen führt ihn über einen schmalen Pfad zu einer kleinen Lichtung im Wald, die ein sicherer Ort zu sein scheint.

Für körperliche Annäherungsversuche ist Winston noch zu unsicher, und so beginnen sie ein Gespräch. Das Mädchen heißt Julia. Sie verachtet die Partei und beeindruckt Winston durch ihre direkten und vulgären Äußerungen. Verliebt habe sich Julia in Winston, da sie glaubte, dieselbe Verachtung für die Partei bei ihm bemerkt zu haben. Als sie an den Waldrand gelangen, erkennt Winston in der entfernteren Landschaft **Golden Country**, den Landstrich seiner Träume. Während er das ferne Weideland betrachtet, gibt er sich ganz seinen Gefühlen hin. Verliebt kehrt er mit Julia zu der Lichtung zurück, wo sie – wie in Winstons Traum – ihre Schärpe der **Anti-Sex League** von sich reißt. Sie geben sich einander hin, doch als Winston anschließend den Körper der schlafenden Julia betrachtet, fühlt er, dass gegenwärtig sogar Liebe ein politischer Akt ist. Das sexuelle Erlebnis empfindet Winston als Schlag gegen die Scheinheiligkeit der Partei, die er als innerlich verdorben betrachtet.

Stichwörter/wichtige Textstellen:

„Kein Gefühl war mehr rein, denn alles war mit Angst und Hass vermischt. Ihre Umarmung war eine Schlacht gewesen, der Orgasmus ein Sieg. Es war ein gegen die Partei geführter Schlag. Ein politischer Akt." (S. 155)

Kapitel 3

Winston und Julia verabreden erneute Zusammenkünfte. Normalerweise treffen sie sich auf den Straßen, wo jedoch nur ein bruchstückartiger Redeaustausch stattfinden kann.

Julia und Winston

Schließlich finden sie ein neues Liebesnest in dem Glockenturm einer Kirchenruine. Hier erzählt Julia Winston von ihrem Leben. Sie ist sechsundzwanzig Jahre alt und arbeitet an den Kompositionsmaschinen in der Romanabteilung. Mit sechzehn Jahren hat sie ihre erste Affäre mit einem sechzigjährigen Parteimitglied gehabt und seit jeher versucht sie, die Restriktionen der Partei unauffällig zu umgehen. Im Gegensatz zu Winston will Julia lediglich das Leben genießen, doch nicht wirklichen Widerstand gegen die Parteiführung leisten. Wenn Winston sie auch nicht für „clever" hält, so schätzt er ihre Bewertung der von der Partei vorgeschriebenen Enthaltsamkeit: Erzwungene Keuschheit erzeuge eine Art Hysterie, die leicht in Hass, Kriegslust und Führerverehrung umgewandelt werden könne. Zucht und Enthaltsamkeit garantierten politische Strenggläubigkeit.

Während Julia die Zeit ihres Verhältnisses genießen will, erkennt Winston, dass das Ende mit dem Tod durch Exekution absehbar ist.

Stichwörter/wichtige Textstellen:
„Es bestand da ein direkter Zusammenhang zwischen Keuschheit und politischer Orthodoxie." (S. 163); „Die Familie war quasi zum verlängerten Arm der Gedankenpolizei geworden (...)." (S. 164)

Kapitel 4
Obwohl er sich des Risikos bewusst ist, hat Winston das Zimmer über Mr Charringtons Altwarenladen gemietet – ein

Das Versteck

Ort, an dem er mit Julia allein sein kann, um eine „normale" Beziehung zu führen. Während er auf Julia wartet, hört er einer **Proles**-Frau zu, die beim Wäscheaufhängen Schlagerlieder singt.

Überraschenderweise bringt Julia seltene Lebensmittel wie echten Kaffee und Milch mit. Sie trägt Make-up auf und verkündet Winston, dass sie in diesem Raum eine „Frau" sein will. Sie lieben sich und schlafen ein. Beim Aufwachen entdeckt Julia eine Ratte und verscheucht sie. Winston gerät in Panik, da die Ratte ihn an einen häufigen Albtraum erinnert: Er steht vor einer Wand aus Dunkelheit, hinter der er etwas Schreckliches wahrnimmt. Auch wenn er weiß, was sich hinter der Mauer befindet, so schafft er es nicht, sich diesem zu stellen.

Julia bereitet echten Kaffee zu und Winston vergisst seinen Panikanfall.

Stichwörter/wichtige Textstellen:
„Sie wussten beide, dass es ein Wahnsinn war (...)" (S. 171); „Ich wette, hinter diesem Bild hocken Wanzen" (S. 179); **paperweight**

Kapitel 5

Der Sprachwissenschaftler Syme ist verschwunden. Während den Vorbereitungen für die **Hate Week** treffen sich Winston und Julia häufig in ihrem Zimmer, beide fühlen sich sicher und sind glücklich. Sogar Winstons Krampfaderknoten scheinen zu heilen.

Glückliche Stunden

Winston erzählt Julia von O'Brien. Zwar hält sie es für möglich, dass O'Brien vertrauenswürdig ist, doch an die **Brotherhood** glaubt sie nicht. Julia hält die Partei für unbesiegbar und auch Winstons Beweis für Geschichtsfälschung beeindruckt sie nicht. Lediglich ihrem momentanen Glück gilt Julias Interesse, und Winston begreift, dass die Partei gerade von diesem Desinteresse auf Seiten der Öffentlichkeit profitiert.

! **Stichwörter/wichtige Textstellen:**
● **Hasswoche** (180 f.); „Das Zimmer war eine Welt, ein Einschluss der Vergangenheit, wo ausgestorbene Tiere umgehen konnten." (S. 183); „In Wirklichkeit gab es kein Entkommen" (S. 185)

Kapitel 6

Eines Tages spricht O'Brien Winston in einem Flur des **Ministry of Truth** an. Er lädt Winston zu sich nach Hause

O'Briens Botschaft

ein, um über den Vorabdruck der neusten Ausgabe des **Newspeak** Wörterbuches zu sprechen. Hierbei erwähnt O'Brien indirekt Syme, der jetzt eine Unperson ist, was Winston als geheime Botschaft deutet.

Winston glaubt nun, dass die **Brotherhood** existiert und dass er durch O'Brien mit ihr Kontakt aufgenommen hat. Dennoch weiß er, dass ihn sein zukünftiges Handeln früher oder später in die Katakomben des **Ministry of Love** führen wird. Sein Schicksal scheint besiegelt.

! **Stichwörter/wichtige Textstellen:**
● O'Briens Botschaft (S. 191 f.); „(...) Vorahnung des Todes (...)" (S. 194)

Kapitel 7

In dem Zimmer über dem Altwarenladen erwacht Winston

Winstons Kindheitserinnerungen

mit Tränen in den Augen aus einem Traum, der ihm die Erinnerung an ein quälendes Ereignis seiner Vergangenheit zurückgebracht hat. Nach dem Verschwinden seines Vaters bemühte seine Mutter sich, ihn und seine jüngere Schwester zu versorgen. Winston war sehr egoistisch, denn

obwohl er wusste, dass er Mutter und Schwester Schaden zu-
fügte, verlangte er oft zusätzlich ihre Nahrungsrationen.

Eines Tages hatte er seiner vor Hunger geschwächten Schwester ein Stückchen Schokolade entrissen und während seine
Mutter instinktiv ihre sterbende Tochter umarmte, rannte
Winston aus dem Haus. Als er in die Wohnung zurückkehrte,
waren Mutter und Schwester für immer verschwunden.

Während Winston von den schmerzhaften Erinnerungen erzählt, ist Julia eingeschlafen. Er glaubt, dass es nur noch bei
den **Proles** wahre Menschlichkeit gibt.

Nachdem Julia wieder erwacht ist, führen sie sich ihr Ende
in den Folterkammern des **Ministry of Love** vor Augen.
Laut Julia würden sie trotz Folter ihre Gefühle füreinander
nicht verraten.

Stichwörter/wichtige Textstellen:

Traum der Vergangenheit (S. 195 f.); „Sie können dich dazu
bringen, alles Mögliche zu sagen – **alles** –, aber sie können
dich nicht zwingen, es zu glauben. Dein Innerstes bekommen sie nicht zu fassen." (S. 203)

Kapitel 8

O'Brien empfängt Winston und Julia
in seiner Wohnung. Nachdem
O'Brien seine Arbeit am Schreibtisch

O'Brien und der Eintritt in die
Brotherhood

beendet hat, erhebt er sich und schaltet zum Erstaunen der
Besucher den Teleschirm aus.

O'Brien scheint nicht überrascht, als Winston und Julia da-
rum bitten, in die **Brotherhood** aufgenommen zu werden.
Er lässt seinen Diener Wein herbeibringen und spricht einen Trinkspruch auf Emmanuel Goldstein, den Führer der
Brotherhood. Bevor die beiden in die Organisation aufge-

nommen werden, müssen sie unter anderem versprechen, für die Verschwörung zu sterben und Verbrechen an Unschuldigen zu begehen. Auch müssen sie dazu bereit sein, sich für immer zu trennen, ein Versprechen, dass Julia nur zögernd gibt. Winston ist begeistert von O'Briens Ausführungen über die Organisation. Niemand könne der **Thought Police** entkommen, so O'Brien, und daher sei die **Brotherhood** ein völlig geheimes Unternehmen, das seine Ziele erst in einer fernen Zukunft erreichen werde.

Nachdem Julia das Haus verlassen hat, erklärt O'Brien Winston, dass er bald eine Kopie von **Goldstein's Book** übermittelt bekommen werde. Erst nachdem er die Lehren Goldsteins gelesen habe, erklärt O'Brien Winston, werde er ein vollständiges Mitglied der **Brotherhood** sein. Zuletzt erklärt O'Brien, indem er Winstons geträumte Worte wiedergibt, dass ein Wiedersehen nur an dem **Ort ohne Dunkelheit** stattfinden könne.

Stichwörter/wichtige Textstellen:
O'Brien schaltet den Teleschirm aus (S. 206); „Wir werden uns wiedertreffen – (...). An dem Ort, wo keine Dunkelheit herrscht" (S. 215); O'Brien vervollständigt den Kinderreim (S. 216).

Kapitel 9
Während einer öffentlichen Versammlung auf einem der großen Londoner Plätze im Rahmen der **Hate Week** hat die Partei bekannt gegeben, dass sich **Oceania** im Krieg gegen **Eastasia** befindet, nicht gegen **Eurasia** – dies sei immer so gewesen. Seitdem hat Winston zahlreiche Überstunden für seine Aufgabe benötigt, die Vergangenheit der neuen Gegenwart anzugleichen.

Während der öffentlichen Versammlung hat man Winston in der Menschenmenge eine Aktentasche mit **Goldstein's Book** in die Hand gedrückt, das er nun in seinem Versteck über dem Altwarenladen lesen will.

In drei Kapitel unterteilt beschreibt das Buch die drei zentralen Parteiparolen: **War is Peace, Freedom is Slavery** und **Ignorance is Strength**. Winston schaut kurz auf das erste Kapitel und blättert dann um zum dritten Kapitel. Goldsteins Verständnis der Parteiparole **War is Peace** ergibt sich aus der Analyse der gegenwärtigen Verhältnisse im Zeitalter der drei Großmächte. Kriege werden ununterbrochen geführt, um Ressourcen zu vernichten, die der Bevölkerung Reichtum und Bildung ermöglichen würden. Eine solche Emanzipation der Massen würde das autoritäre System der Regierenden gefährden. Der Krieg dagegen rechtfertigt nicht nur die Etablierung einer Führerschaft, sondern ist gleichzeitig ein Mittel, durch welches die Massen kontrolliert und beherrscht werden und Macht gesichert wird. Nur durch das beständige Andauern des Kriegszustandes kann die herrschende Ordnung aufrecht erhalten werden, somit ist Krieg (notwendig für) Frieden.

Julia kommt in das Zimmer und legt sich erschöpft auf das Bett. Winston liest ihr aus dem ersten Kapitel des Buches vor.

Um ihre Macht zu sichern, ist es für die Partei notwendig, die Massen „dumm" zu halten. Ihnen wird Freiheit des Denkens gewährt, weil sie nicht denken. Um Denken zu verhindern, ist ein bestimmtes geistiges Training entwickelt worden, das in dem Konzept des **doublethink** zusammengefasst werden kann.

Doublethink bezeichnet die Fähigkeit, Erinnerungen an die

Vergangenheit zu verändern und anschließend zu vergessen, dass man sie verändert hat. Man glaubt gleichzeitig zwei sich widersprechende Dinge. Um die ungleiche Machtverteilung im Staat aufrecht zu erhalten, muss die Parteiführung einen Zustand kontrollierten Wahnsinns erzeugen, in dem zwei und zwei fünf ergibt.

Nun hat Winston zwar erkannt, wie das Parteisystem funktioniert, doch noch immer nicht, warum die Partei existiert. Als er Julia schlafen sieht, fällt auch er erschöpft in tiefen Schlaf.

Stichwörter/wichtige Textstellen:
„Die Veränderbarkeit der Vergangenheit, das ist die zentrale Doktrin des Engsoz." (S. 257)

Kapitel 10
Als Winston und Julia erwachen, haben sie das Gefühl, sehr lange geschlafen zu haben. Die **Proles**-Frau singt wieder Lieder im Hin-

Die Falle

terhof und Winston fühlt, dass diesen Leuten die Zukunft gehört. „Wir sind Tote", sagt Winston und Julia wiederholt seine Worte. „Ihr seid Tote" sagt plötzlich eine eiserne Stimme hinter ihnen (S. 265).

Das Gemälde fällt von der Wand und es zeigt sich ein Teleschirm. Wie ein Echo wiederholt die Stimme nun alles, was Winston und Julia sagen. Schwarz uniformierte Männer stürmen das Zimmer, einer zerschmettert den gläsernen Briefbeschwerer und ein weiterer versetzt Julia einen Schlag in den Bauch. Während Julia hinausgeschleppt wird, steht Winston still. Mr Charrington, plötzlich jünger, betritt das Zimmer und Winston wird klar, dass er es mit einem Mitglied der **Thought Police** zu tun hat.

Stichwörter/wichtige Textstellen:
Falle; „Jemand hatte den gläsernen Briefbeschwerer vom Tisch genommen und ihn auf der Kaminplatte zerschmettert." (S. 267)

Dritter Teil
Kapitel 1

Seit Stunden sitzt Winston in einer hell ausgeleuchteten, fensterlosen Zelle im **Ministry of Love**. Er wird von vier Teleschirmen

Der Ort ohne Dunkelheit

beobachtet und darf sich weder rühren noch in irgendeiner Form äußern. Es ist nicht möglich festzustellen, ob es Tag oder Nacht ist, da die grellen Lichter nie ausgeschaltet werden. Winston versteht, dass dies der Ort ohne Dunkelheit ist.

Hin und wieder geht die Tür auf und neue Gefangene werden in die Zelle gestoßen, darunter auch Parsons. Parsons ist von seiner siebenjährigen Tochter verraten worden, die ihn im Schlaf **Big Brother** denunzieren hören hat. Es befinden sich bereits sechs Gefangene in der Zelle, als ein siebter, der offensichtlich fast vor Hunger stirbt, hereingebracht wird. Ein Mitgefangener gibt ihm aus Mitleid ein verstecktes Stück Brot, worauf ihn eine betäubende Stimme aus dem Teleschirm anschreit und Wachen in die Zelle stürmen. Der Wohltäter wird brutal ins Gesicht geschlagen und der ausgehungerte, panikerfüllte Gefangene wird in den gefürchteten **Room 101** gebracht.

Der wahre O'Brien

O'Brien kommt herein.

Winston denkt, dass auch er gefangen worden ist, doch O'Brien erklärt ihm, dass dies schon vor langer Zeit geschehen sei. Winston, so O'Brien, habe gewusst, dass es so enden werde.

Eine Wache schlägt Winston gewaltsam mit einem Gummiknüppel auf den Ellenbogen, worauf er sich vor Schmerzen
auf dem Boden krümmt. Ihm wird klar, dass es unter
Schmerzen keine Heldentaten geben kann.

! **Stichwörter/wichtige Textstellen:**
„Es war der Ort, wo keine Dunkelheit herrschte (...)"
(S. 278); „‚Sie wussten es, Winston', sagte O'Brien, ‚Machen
Sie sich nichts vor. Sie haben es gewusst – schon immer'."
(S. 288)

Kapitel 2
Als Winston aufwacht, ist er auf einem Bett fest geschnallt
und Licht scheint ihm ins Gesicht. Er erkennt O'Brien und
eine andere Figur, doch er hat jegliches Gefühl für Raum
und Zeit verloren. Seit dem Schlag auf den Ellenbogen ist er
ununterbrochen gefoltert worden, so dass er unter Schmerzen die absurdesten Geständnisse abgelegt hat.
Er fühlt, dass O'Brien von Anfang an beteiligt gewesen ist,
und hält ihn sowohl für den Folterknecht als auch für einen
schützenden Freund.
O'Briens Ziel ist es, Winston von seinen „Wahnvorstellun-
gen" zu heilen. Mit einem Gerät, das durch abgestufte
Schmerzwellen Todesangst verursacht, will er Winston die
Technik des **doublethink** beibringen.
Zunächst zeigt O'Brien Winston das Foto, welches er als Be-

2 + 2 = 5   weis für die Fälschung der Vergangenheit aufgefasst hat. Er wirft es in
ein **Gedächtnis-Loch**, um Winston zu beweisen, dass es nie
existiert hat. Nicht der Einzelne, sondern die Partei bestim-
me die Wirklichkeit, da nur die Partei ein kollektives und
daher objektives Bewusstsein habe.

In Anlehnung an den Satz **„Freiheit bedeutet die Freiheit, zu sagen, dass zwei und zwei vier ist"** (S. 101), den Winston einst in sein Tagebuch geschrieben hat, hält O'Brien ihm vier Finger seiner Hand vor die Augen und fragt Winston, wie viele er sehe. Winston sieht vier Finger. Da die Partei jedoch das Recht hat zu sagen, dass vier manchmal fünf sein kann, erhöht O'Brien die Schmerzstufe soweit, bis Winston tatsächlich unzählige Finger sieht.

Als O'Brien das Gerät abschaltet, empfindet Winston Dankbarkeit und Liebe für seinen Peiniger. O'Brien erklärt ihm, dass die Partei Märtyrertum verhindere – Winston solle nicht bestraft, sondern geheilt werden, am Ende müsse er den **Big Brother** lieben.

Nach einem explosionsartigen Schock fühlt Winston nur noch Leere in seinem Kopf. O'Brien wiederholt den Test und Winston sieht einen Augenblick lang tatsächlich fünf Finger. Realitätskontrolle ist möglich.

O'Brien ist zufrieden und erlaubt es Winston, einige Fragen zu stellen. Dieser erkundigt sich nach Julia und erfährt, dass sie ihn sofort verraten habe. Auf die Frage nach dem **Room 101** antwortet O'Brien, dass jeder wisse, was dort geschehe.

Stichwörter/wichtige Textstellen:

„Es war O'Brien, der alles dirigierte." (S. 294); „Sie sind geistesgestört. Sie leiden an einem Gedächtnisdefekt." (S. 296); „2 + 2 = 5" (S. 301); „Soll ich Ihnen sagen, warum wir Sie hierher gebracht haben? Um Sie zu heilen! Um Sie geistig gesund zu machen!" (S. 304); „Was hier mit Ihnen geschieht, ist endgültig." (S. 308); Julias Verrat

Kapitel 3

Laut O'Brien gibt es drei Stufen zu Winstons Wiedereingliederung: Lernen, Verstehen und Akzeptieren. Winston ist noch immer fest geschnallt, doch die Fesseln sind lockerer. Er hat gelernt, wie die Partei handelt, und soll nun zu verstehen beginnen, warum sie auf diese Weise verfährt.

Während er Winstons naive Vermutungen mit Stromstößen bestraft, klärt O'Brien ihn über die wahren Motive der Parteiherrschaft auf. Die Partei wolle ihre Herrschaft für die Ewigkeit sichern, die Hoffnung auf eine Rebellion der **Proles** sei eine Illusion, da die Partei das Buch Goldsteins selbst verfasst habe. Die Partei herrsche einzig und allein in der Absicht, Macht auszuüben. Macht über Menschen auszuüben bedeute jedoch, so O'Brien, ihnen Schmerzen zuzufügen und sie zu erniedrigen, um sie beliebig formbar zu machen. Das Individuum könne somit nur noch in und durch die Partei überleben – durch die Partei könne der Mensch unsterblich werden. Die Partei kontrolliere die Wirklichkeit in dem Maße, dass sie sogar Naturgesetze verändern könne. Winston widerspricht, da er noch immer an unzerstörbare Anlagen im Menschen glaubt. Er fühlt sich O'Brien moralisch überlegen: Doch O'Brien erinnert ihn an seine eigenen Treueschwüre gegenüber der **Brotherhood**. Daraufhin lässt O'Brien Winston in den Spiegel schauen und sein durch die langen Misshandlungen entstelltes Wesen betrachten. Winston ist entsetzt – er ist fast glatzköpfig, sein Krampfadergeschwür ist eine entzündete Masse verfaulten Fleisches.

O'Brien zieht ihm mit der Hand einen Zahn heraus und verhöhnt ihn – Er sei das letzte menschliche Wesen.

Winstons Selbstbewusstsein ist zerstört, er bricht zusammen und weint jämmerlich. Nur der Gedanke, Julia nicht verraten

Der letzte Mensch

zu haben, tröstet ihn noch. O'Brien bestätigt dieses. Seine Hinrichtung werde erst „nach seiner Heilung" stattfinden.

Stichwörter/wichtige Textstellen:

Drei Etappen der Umschulung: Lernen, Verstehen, Akzeptieren (S. 313); O'Brien verfasste **Goldstein's Book**; Winstons Spiegelbild: „Ein gebeugtes, aschfahles, skelettartiges Etwas (...) ‚Sehen Sie, was Ihnen da gegenübersteht? Das ist der letzte Mensch. Wenn Sie menschlich sind, dann ist das die Menschheit'." (S. 324–326); „Jeder wird früher oder später geheilt. Am Ende werden wir Sie erschießen." (S. 328)

Kapitel 4

Winston ist seit einiger Zeit in eine angenehmere Zelle verlegt und gut

> Winston übt doublethink

versorgt worden. Er schläft viel und träumt vom **Golden Country** und von Julia. Nach und nach erholt er sich von den Torturen. Als er wieder so weit ist, seinen Intellekt zu nutzen, erkennt er, dass sein Rebellionsversuch gegen die Partei falsch gewesen ist. Er übt **doublethink** und schreibt **FREIHEIT IST SKLAVEREI, ZWEI UND ZWEI IST FÜNF** und zuletzt **GOTT IST MACHT** (S. 332).

Trotz seiner Fortschritte haben sich seine Gefühle nicht verändert. Er träumt von Julia und fühlt eine tiefe Liebe zu ihr. Er denkt an seine Hinrichtung und daran, dass sein letzter Gedanke Hass wäre, womit die Partei gescheitert wäre.

O'Brien kommt herein und wirft ihm Betrug vor, er fordert eine wahre Auskunft über Winstons Gefühle gegenüber **Big Brother**. „Ich hasse ihn", lautet Winstons Antwort. Somit ist es Zeit für den letzten Schritt der Wiedereingliederungsmaßnahmen: Akzeptieren. O'Brien lässt ihn in den **Room 101** führen.

! **Stichwörter/wichtige Textstellen:**
„Voller Hass auf sie zu sterben, das bedeutete Freiheit."
(S. 337)

Kapitel 5

Im **Room 101** ist Winston auf einem Stuhl fest geschnallt.
Er spürt, dass sich der Raum weit unten in den Katakomben
des **Ministry of Love** befindet.

Room 101

O'Brien erklärt ihm, dass der **Room
101** das Schrecklichste sei, was Winston sich vorstellen könne.
Eine Wache stellt einen der Länge nach zweigeteilten Käfig
auf den Tisch. Am Ende des Käfigs ist eine Maske angebracht, die dem Gesicht des Opfers aufgesetzt wird, in jeder
Kammer des Käfigs sitzt eine Ratte. Wenn die Kammertüren
aufgemacht werden, gelangen die Ratten an das Gesicht. Das
„Schrecklichste" sei für jeden etwas anderes, für Winston sei-
en es Ratten, fährt O'Brien fort. Das Entsetzliche, was sich
hinter der Wand aus Dunkelheit in Winstons Traum verborgen habe, seien Ratten gewesen. Bestimmte Ängste könne
man nicht kontrollieren.
Nachdem O'Brien dem panikerfüllten Winston detailliert
beschrieben hat, zu welchen Grausamkeiten Ratten fähig
sind, befestigt er den Käfig an Winstons Kopf. Dieser schreit
und wird fast ohnmächtig. Wahnsinnig vor Angst sieht er
nur noch den Ausweg, eine andere Person zwischen sich und
die Ratten zu stellen. „Macht es mit Julia!", bricht es aus
ihm heraus. Er hört ein Klicken und weiß, dass die Käfigtür
geschlossen worden ist. Er hat sich selbst gerettet, indem er
sein tiefstes Gefühl betrogen hat.

Stichwörter/wichtige Textstellen:
Room 101, Käfig, Ratten (S. 340 f.); Winstons Verrat (S. 343)

Kapitel 6

Winston ist freigelassen worden und verbringt seine Zeit im Café **Kastanienbaum**. Hier spielt er Schach, liest die *Times* und trinkt, trotz Abscheu, **Victory** Gin. Gelegentlich arbeitet er in einer Unterabteilung des Ministeriums, die aus Leuten wie ihm gebildet wird. **Oceania** befindet sich (wie seit Ewigkeiten) im Krieg gegen **Eurasia,** und während Winston auf eine Bekanntgabe über den Teleschirm wartet, malt er $2 + 2 = 5$ in den Staub auf den Tisch. Er denkt an Julia, **dein Innerstes bekommen sie nicht zu fassen**, hat sie gesagt, aber sie lag falsch. Winston weiß, dass er den Verrat seines Gefühls für Julia nie mehr vergessen kann.

Er erinnert sich, Julia an einem frostigen Märztag in einem Park getroffen zu haben. Ohne Reue hat sie ihren Verrat gestanden. Danach haben sich ihre Wege getrennt.

Als aus dem Teleschirm das Lied **Unter der Kastanie** ertönt (S. 352), steigen Winston Tränen in die Augen. Kindheitsterrinerungen tauchen auf, doch er verdrängt sie aus seinem Gedächtnis und entscheidet, dass sie falsch sind.

Die Bekanntmachung erfolgt, **Oceania** habe einen entscheidenden Sieg

Winston liebt Big Brother

errungen. Winston schaut durch das Fenster auf ein Plakat von **Big Brother** und fühlt Rührung und Dankbarkeit.

Er träumt von seinem nahen Tode, denn er erkennt, dass er „geheilt" worden ist: „Er hatte sich selbst überwunden. Er liebte den Großen Bruder." (S. 357)

! ● Stichwörter/wichtige Textstellen:
„Winston saß in einen seligen Traum versunken, (...) lief den weiß gekachelten Korridor entlang, mit dem Gefühl, im Sonnenschein zu gehen, und im Rücken eine bewaffnete Wache. Die lang ersehnte Kugel drang ihm ins Gehirn." (S. 356)

Appendix (Kleine Grammatik)

Die Grundsätze von Newspeak

In der Appendix wird die elfte und letzte Ausgabe des **Newspeak** Wörterbuches analysiert.

Durch **Newspeak** sollen Gedanken und deren Formulierungen nur noch in der **Ingsoc**-Ideologie möglich sein. Dieses bedeutet die Verringerung des Wortschatzes und die Festlegung eines mehrdeutigen Wortes auf einen einzigen Sinn. Die Wörter sind in drei Vokabelklassen, A, B und C aufgeteilt worden, während die Grammatik radikal vereinfacht worden ist. Der Klang der Wörter ist verändert worden, so dass der Sprecher fähig ist, Sätze monoton herunterzurasseln, was als **duckspeak** bezeichnet wird.

! ● Stichwörter/wichtige Textstellen:
„Wenn Altsprech ein für allemal verdrängt worden war, würde das letzte Bindeglied zur Vergangenheit durchtrennt sein." (S. 373)

2.3 Aufbau

1) Utopie und utopischer Staatsroman

Vor einer Analyse der Romankomposition in ihren einzelnen Aspekten sollen hier kurz die wichtigsten **Wesensmerkmale** der Utopie und des utopischen Staatsromans

Utopie und utopischer Staatsroman

dargestellt werden, da die Wahl des Genres einen didaktischen Anspruch des Werkes impliziert[9].

„Utopie" bedeutet wörtlich übersetzt „Nicht-Ort" und geht auf Thomas Morus' Schrift *Utopia* (1516) zurück, in welcher der Begriff den Ort für die fiktive Insel eines nach dem Vorbild von Platons *Politeia* (*Staat*, 4. Jh. v. Chr.) entworfenen Idealstaates bezeichnet. Die Utopie ist ein geschichtlich verankerter philosophischer oder literarischer Gegenentwurf zu einer als mangelhaft empfundenen Realität, woraus sich ihr **Appellcharak-**

Kritik an gesellschaftlicher Wirklichkeit

ter als wichtiges Wesensmerkmal ableiten lässt. Der literarische Typus der Utopie gilt als Form des **utopischen Staatsromans**. Dieser erweitert den Begriff **Utopie** und umfasst sowohl den in Erzählform konstruierten **Idealzustand** sozialer, politischer und wirtschaftlicher Verhältnisse als auch das aus gesellschaftlichen Fehlentwicklungen weiterentwickelte **Negativbild** einer künftigen Welt, die **Anti-Utopie**. Ein konstitutives Merkmal des utopischen Staatsromans, das sich bei Orwells *Nineteen Eighty-Four* deutlich erkennen lässt, ist die Spannung zwischen dem utopischen Entwurf und der impliziten, durch **satirische Elemente** (siehe 2.7)

---

9   Vgl. Schemmann, Michael: *Imperialismus im Werk George Orwells*. Frankfurt am Main: Peter Lang, 1999, S. 181

hervorgerufenen Kritik an der gesellschaftlichen Wirklichkeit[10].

Zwar scheint die Zusammenfassung von idealen und pessimistischen Zukunftsentwürfen unter dem Begriff utopischer Staatsroman befremdlich, doch beide teilen das entscheidende Wesensmerkmal:

> *„So wie die Utopien vom besten Staatsmodell auch satirisch die eigene Zeit angreifen, sie gegenüber schlechten gesellschaftlichen Verhältnissen das Ideal ausmalen, so prangern die Negativutopien, Dystopien oder Warnutopien in satirischer Vergröberung die eigene Zeit von ihrem nicht ausgeführten Konzept einer besseren Welt her an."*[11]

2) Kompositionsstruktur

George Orwells utopischer Roman gliedert sich in **drei Hauptteile**, die den **drei großen Verlaufsphasen** der Handlung entsprechen.

Aufbau entspricht dem Handlungsgang

Im **ersten Teil**, unterteilt in acht Kapitel, wird dem Leser die Welt des Jahres *1984* vorgestellt. Durch die Wahl einer subjektiven, **personalen Erzählperspektive** (siehe 2.6) aus dem Bewusstseinshorizont des Protagonisten Winston Smith erschließen sich dem Leser die politischen und sozialen Zustände in **Oceania** – die Rolle der regierenden Partei **Ingsoc** mit ihrem unsichtbaren, allgegenwärtigen Führer **Big Brother** und die alltägliche Arbeits- und Lebenswelt des Protagonisten als Mitglied der **Outer Party**.

---

10 Vgl. Schweikle, Günther u. Irmgard (Hg.): *Metzler Literatur Lexikon. Begriffe und Definitionen.* Stuttgart: J. B. Metzlersche Verlagsbuchhandlung, 1990, S. 481–482, 440–441

11 Gnüg, Hiltrud: *Utopie und utopischer Roman.* Stuttgart: Philipp Reclam jun., 1999, S. 19

Im **zweiten Teil**, unterteilt in zehn Kapitel, steht die Liebesgeschichte zwischen Winston und Julia im Mittelpunkt der Handlung. Der Protagonist erlebt diese Liebesbeziehung als etwas Unerwartetes, Wunderbares und zugleich als anarchischen Akt der Auflehnung gegenüber dem Parteiapparat, der systematisch Individualität und Lebenslust zu zerstören sucht. Durch seine Erlebnisse, Wahrnehmungen und Reflexionen steigert sich Winstons Bewusstsein für das skrupellose, totalitäre System und er entwickelt zunehmend einen Drang zur Auflehnung und zum Widerstand gegen die allgewaltige Parteiherrschaft. Winston und Julia betrachten ihre geheime Liebe als Verschwörung gegen die Partei und suchen schließlich in O'Brien, einem Mitglied der **Inner Party**, einen Verbindungsmann zu der geheimnisvollen Untergrundorganisation **Brotherhood**. Im **zehnten Kapitel** des zweiten Teils stellt sich jedoch heraus, das O'Brien dem Liebespaar eine Falle gestellt hat, und sie werden nach einer kurzen Phase des Glücks festgenommen. Der Moment, in dem Winston und Julia im Bezug auf die singende **Proles**-Frau feststellen: „Wir sind Tote" und plötzlich eine eiserne Stimme aus dem hinter einem Bild versteckten **Teleschirm** die Aussage wiederholt: „Ihr seid Tote" (S. 265), stellt den **ersten Höhepunkt** der Handlung (**Klimax**) dar.

Im **dritten Teil**, unterteilt in sechs Kapitel, wird Winstons Strafe der „Umerziehung" in der Apparatur des **Ministry of Love** dargestellt. In den Händen von O'Brien unterliegt Winston brutalen und sadistischen Foltermethoden, durch die sein Verstand und seine Individualität systematisch vernichtet werden. Aus der Perspektive des Protagonisten erlebt der Leser detailliert die verschiedenen Foltermethoden, deren Brutalität kontinuierlich zunimmt, bis Winston im

fünften Kapitel, dem **zweiten Höhepunkt** (Klimax) der Handlung, seinen ultimativen Horror im **Room 101** erlebt (S. 343). Indem er Julia verrät, wird sein menschliches Selbstwertgefühl komplett zerstört und O'Brien erreicht den erstrebten „heilenden" Effekt – Winstons Liebe zum **Big Brother** und somit Anpassung an das Regime (S. 357).

Teil I: Exposition – unangepasster, konditionierter Protagonist

Teil II: Liebesverhältnis – Auflehnung, Widerstand – Gefangennahme

Teil III: Folter, „Umerziehung" – Kapitulation, zerstörte Individualität, Anpassung

3) System Oceanla

Hierarchische Gesellschaftsstruktur

Die Gesellschaft des Staates **Oceania** ist in vier verschiedene Schichten unterteilt und streng hierarchisch gegliedert. Die gesellschaftliche Elite und politischen Machthaber (2 % der Gesamtbevölkerung) stellen die Mitglieder der **Inner (Ingsoc-)Party** dar, an deren Spitze der allgegenwärtige **Big Brother** steht. Auf der nächstniedrigen Hierarchiestufe befinden sich die Mitglieder der **Outer Party** (13 %), die in den ausführenden Instanzen des Parteiapparates tätig sind und somit ausschließlich exekutive Funktion besitzen. Auf der darunter liegenden Stufe befindet sich mit 85 % der größte Bevölkerungsteil, die **Proles**. In ihrem Wert gleichgestellt mit Tieren, erledigen sie ohne Ausnahme körperliche Arbeiten. Auf der letzten Stufe der Bevölkerung befinden sich die kolonisierten Völker, um welche die drei Großstaaten ununterbrochen kämpfen (S. 226–227). Sie machen ungefähr ein Fünftel der gesamten Weltbevölkerung aus und da sie nie von einem einzigen Staat beherrscht werden, variiert ihre Anzahl im Staat **Oceania** je nach beherrschtem Gebiet.

Der Staat **Oceania** ist **kein Gesetzesstaat**. Die Herrschaft der **Ingsoc**-Partei ist rechtlich völlig ungebunden und basiert allein auf der Indoktrination der **Ingsoc**-Ideologie. Es gibt keine gesetzlichen Verbote, da die Bürger **Oceanias** ideologisch konditioniert sind, durch aufoktroyiertes Reflexverhalten sollen gefährliche Gedanken und Handlungen von vornherein unmöglich gemacht werden (S. 254). Während Winstons „Heilungsprozess" erklärt O'Brien ihm die Ziele der totalitären Parteiherrschaft, die weder Reichtum noch Glück seien.

Die Partei strebe die **Macht** lediglich **um der Macht willen** an, Macht sei kein Mittel, sondern Endzweck:

> „Die Partei strebt nur aus eigenem Interesse nach der Macht. Das Wohl anderer interessiert uns nicht; uns interessiert einzig die Macht. Weder Reichtum und Luxus noch langes Leben und Glück: nur Macht, reine Macht. (...) Wir sind die Priester der Macht (...) Gott ist Macht (...) Die Naturgesetze machen wir." (S. 315–318)

Macht als Endzweck

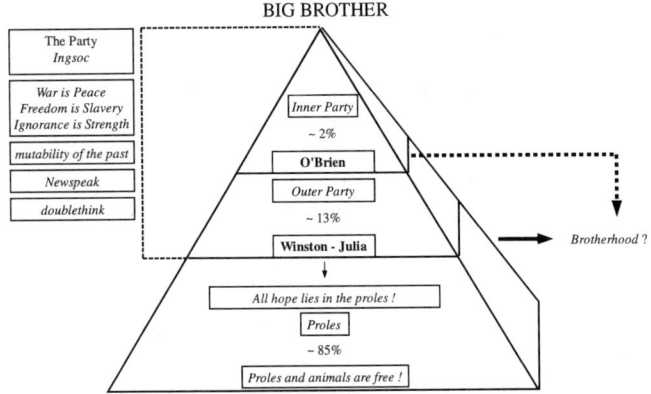

„An der Spitze der Pyramide steht der Große Bruder. Der Große Bruder ist unfehlbar und allmächtig. (...) Nach dem Großen Bruder kommt die Innere Partei, deren Mitgliederzahl auf sechs Millionen oder etwas weniger als 2 % der Bevölkerung Ozeaniens beschränkt bleibt. Nach der Inneren Partei kommt die Äußere Partei, die, wenn man die Innere Partei als das Gehirn des Staates bezeichnet, billigerweise mit dessen Händen verglichen werden darf. Danach kommt die stumme Masse, die wir gewohnheitsmäßig als ‚die Proles' bezeichnen; sie machen vielleicht 85 % der Bevölkerung aus. Nach der Terminologie unserer früheren Klassifizierung sind die Proles die Unteren: Denn die Sklavenbevölkerung der äquatorialen Länder, die ständig aus den Händen eines Eroberers in die eines anderen gelangt, macht keinen dauerhaften oder notwendigen Teil der Struktur aus." (S. 250–251)

Herrschaftsinstrumente

Um ihren absoluten und unangreifbaren Machtapparat zu sichern, hat die
Ingsoc-Partei eine unfehlbare **Überwachungsmaschinerie** entwickelt.

Zu dieser gehören hauptsächlich überall angebrachte, nicht
abstellbare **Teleschirme**, die zugleich Aufnahme- und Sen-
degeräte sind und – als oberste Überwachungsinstanz – die
Thought Police, die alle Formen von **Thoughtcrime** auf-
spürt. Die Mitglieder der **Outer Party** stehen in allen Le-
bensbereichen unter permanenter Kontrolle, geringste Ab-
weichungen von dem parteiideologischen Verhaltenskodex
werden umgehend bestraft:

> *„Ein Parteimitglied lebt von der Geburt bis zum Tod unter den
> Augen der Gedankenpolizei. Sogar wenn es allein ist, kann es
> nicht sicher sein, dass es wirklich allein ist. Wo es auch sein
> mag, ob es schläft oder wacht, arbeitet oder ausruht, im Bad
> oder im Bett liegt, es kann ohne Vorwarnung und ohne sein
> Wissen überwacht werden. Nichts, was es tut, ist gleichgültig.
> Seine Freundschaften, seine Zerstreuungen, sein Verhalten ge-
> genüber Frau und Kindern, sein Gesichtsausdruck, wenn es al-
> lein ist, die Worte, die es im Schlaf murmelt, sogar seine typi-
> schen Körperbewegungen, alles wird misstrauisch geprüft."*
> (S. 253–254)

Die unumgehbare Strafe für **Thoughtcrime** ist nicht nur der
Tod des „Täters", sondern seine **„Vaporisierung"** – seine
komplette Ausradierung aus der Geschichte („Man wurde
getilgt, annulliert: **vaporisiert**, so lautete die offizielle
Sprachregelung dafür." S. 27). Um Gedanken von vorneher-
ein zu kontrollieren und der **Ignsoc**-Ideologie gerecht zu for-

men, gibt es verschiedene „**Erziehungsinstitutionen**", welche die Parteimitglieder von Kindheit an durchlaufen (**Junior Anti-Sex League, Youth League, Spies**), sowie gesellschaftliche Einrichtungen (**Sports Commitee, Community Centre** etc.).

Neben der Überwachungsmaschinerie gibt es **drei weitere zentrale Konzepte der Ideologie von Ingsoc: Newspeak, doublethink und mutability of the past**.

Newspeak ist die offizielle Sprache in **Oceania**, deren endgültige Einführung jedoch erst für das Jahr 2050 angekündigt wird.

Newspeak zur
Ideologisierung

Durch **Newspeak** sollen Gedanken und deren Formulierungen nur noch in der **Ingsoc**-Ideologie möglich sein, womit individuelles Denken unmöglich gemacht wird. Die Hauptbestandteile dieser Sprache sind drei unterschiedliche Vokabularkategorien, die A-Kategorie umfasst das Alltagsvokabular, das sich auf Handlungsbeschreibungen wie Essen und Schlafen beschränkt und somit tiefgründige Gespräche unmöglich macht (S. 362 f.). Die B-Kategorie besteht aus Komposita, die für den politischen Gebrauch entwickelt worden sind und das systemkonforme Denken unterstützen. Im Sinne der **Ingsoc**-Ideologie werden im Rahmen dieser Kategorie bestimmte Wörter, wie Gerechtigkeit oder Moral, eliminiert und dafür neue, der „neuen Realität" entsprechende Begriffe hinzugefügt (S. 365 f.). Die C-Kategorie umfasst technisch-wissenschaftliches Vokabular (S. 371 f.). Die Grammatik ist radikal vereinfacht worden. **Newspeak** ist das Mittel der Machtausübenden, ein neues Denken – **goodthink** – zu etablieren und zu kontrollieren. **Die Partei sichert ihr Herrschaftssystem, da sie durch Newspeak die Kontrolle über das Ideengut der Menschen hat** – Auflehnung gegen das System ist unmöglich, da sie nicht einmal mehr „gedacht" werden kann. In diesem Sinne ist die Parteiparole **Ignorance is Strength** zu verstehen.

Durch die **Technik des double-think** setzt die Partei die Gesetze der Logik außer Kraft und rechtfertigt und erhält die Widersprüchlichkeit ihres Systems.

> Doublethink zur Recht-fertigung und Erhaltung der Widersprüchlichkeit

Doublethink bedeutet:

> *„Zu wissen und nicht zu wissen, absoluter Wahrhaftigkeit inne zu sein, während man sorgfältig konstruierte Lügen erzählte, gleichzeitig zwei einander ausschließende Ansichten zu vertreten, zu wissen, dass sie widersprüchlich waren, und an beide zu glauben; die Logik gegen die Logik ins Feld zu führen, die Moral abzulehnen und sie für sich in Anspruch zu nehmen; an die Unmöglichkeit der Demokratie zu glauben und daran, dass die Partei die Hüterin der Demokratie war; zu vergessen, was vergessen werden musste, um es sich dann wieder ins Gedächtnis zu rufen, wenn es gebraucht wurde, und es dann gleich wieder zu vergessen; und vor allem, eben dieses Verfahren auf das Verfahren selbst anzuwenden. Das war die höchste Finesse: bewusst die Unbewusstheit herbeizuführen und sich dann wieder des eben vollbrachten Hypnoseakts unbewusst zu werden. Allein schon das Begreifen des Wortes beinhaltete den Gebrauch von Doppeldenk."* (S. 46)

Die Namensgebung der vier Ministerien ist ein augenscheinliches Beispiel für **doublethink** – das **Ministry of Peace** beschäftigt sich mit Krieg und das **Ministry of Love** mit Folter. **Die Vereinigung von Widersprüchen durch dou-**

blethink ist ein notwendiges Mittel zur Machterhaltung („... sollen die Oberen, wie wir sie genannt haben, ihre Stellung dauerhaft behaupten, dann muss der vorherrschende Geisteszustand kontrollierter Wahnsinn sein." S. 260) und zerstört das Bewusstsein der Menschen für Recht oder Unrecht, Wahrheit oder Lüge.

„**Wer die Vergangenheit kontrolliert, (...) kontrolliert die Zukunft; wer die Gegenwart kontrolliert, kontrolliert die Vergangenheit**" (S. 45), lautet die Parteiparole und auch das **Prinzip der mutability of the past**.

Zerstörung der Geschichte zur Machtsicherung

Durch die Zerstörung der Geschichte, d. h. sowohl persönlicher Erinnerungen als auch sämtlicher historischer Quellen, **zerstört** die Partei **Identität** und **Individualität** sowie jegliche **Vergleichsmaßstäbe** für eine Beurteilung des Regimes. Als Herrschaftsinstrument ist die **mutability of the past** die

> „*zentrale Doktrin des Engsoz. Vergangene Ereignisse, so wird argumentiert, besitzen keine objektive Existenz, sondern überdauern nur in schriftlichen Dokumenten und in der Erinnerung der Menschen. Und da die Partei die absolute Kontrolle über alle Dokumente ausübt und eine ebenso absolute Kontrolle über das Denken ihrer Mitglieder, folgt daraus, dass die Vergangenheit immer so aussieht, wie es die Partei gern haben möchte.*" (S. 257)

Das Beherrschen der Vergangenheit gelingt der Partei deshalb, da Subjekte, die jemals gegen die Ideologie verstoßen haben, nicht nur getötet, sondern ganz aus der Geschichte ausgelöscht werden. Bevor ein Oppositioneller jedoch zur **Unperson** wird, benutzt das Regime brutale Foltermethoden, um Geständnisse zu erpressen und ihn ideologiegetreu umzuformen.

Nicht nur durch die Beseitigung von Vergleichsmaßstäben und durch Gedankenkontrolle sichert die Partei ihren Machtapparat, sondern auch durch **permanente Kriegsführung**.

> Andauernder Krieg verhindert die Emanzipation der Massen

Nach den Prinzipien des **doublethink** kommt dem Krieg eine bedeutende Funktion zu, die **Sicherung des inneren Friedens – War is Peace –**, so lautet die Parole. Um eine Erhöhung des Lebensstandards und die daraus resultierende Emanzipation der großen Bevölkerungsteile zu verhindern, dient der Krieg zur permanenten Wertvernichtung:

> *„Das Hauptwerk des Krieges ist Zerstörung, nicht notwendigerweise die von Menschenleben, aber die von Produkten menschlicher Arbeit. Der Krieg ist ein Mittel, Materialien zu vernichten, in die Stratosphäre zu jagen oder in den Tiefen des Meeres zu versenken, die sonst dazu benutzt werden könnten, es den Massen zu bequem und sie somit auf lange Sicht zu intelligent zu machen. Selbst wenn Kriegsgerät nicht tatsächlich zerstört wird, bietet seine Herstellung immer noch einen einfachen Weg, Arbeitskraft zu verbrauchen, ohne etwas Konsumierbares zu produzieren."* (S. 230)

4) Die Funktion von Goldstein's Book und des Appendix

Die Einbettung der **Auszüge aus Goldstein's Book**, einer Art wissenschaftlicher Abhandlung über die drei zentralen Säulen der Herrschaft der Partei – **Ignorance is Strength, Freedom is Slavery** und **War is Peace** – hat sowohl inhaltliche als auch strukturelle Funktion. Der Verfasser betitelt diese kommentierte Analyse des bestehenden Regimes mit **Theorie und Praxis des Oligarchischen Kollektivismus**, wodurch er dem Herrschaftssystem in der Welt von *1984* einen Namen gibt. Der „Kollektivismus" bezeichnet eine Weltanschauung, in welcher der Einzelmensch nur noch als unselbstständiges Glied der Gesellschaft betrachtet und letztendlich verneint wird. Gesellschaftliche Gliederungen werden aufgehoben, Privateigentum und Selbstständigkeit abgeschafft, sowie persönliche Arbeit durch Gruppenarbeit ersetzt. „Oligarchie" bezeichnet die mit Missständen verbundene Herrschaft einer kleinen Gruppe. Das totalitäre Parteiregime mit seinem Herrschaftsapparat wird somit durch diese auszugsweise Abhandlung aus einer **„fachlichen" Perspektive** heraus beschrieben.

Goldsteins Buch als Perspektivwechsel

Goldstein's Book „ordnet" den „endlosen, inneren Monolog" (S. 14) des Protagonisten und fasst, von der Funktion des Krieges bis hin zu der perfektionierten Manipulationsmaschinerie, die **wichtigsten Systemmerkmale** zusammen. Im Kontext der Romankomposition ist festzuhalten, dass Winstons Lektüre der Abhandlung nach seinem (und Julias) vermeintlichen Eintritt in die **Brotherhood** (Kapitel 8) und vor seiner Gefangennahme durch die **Thought Police** (Kapitel 10) stattfindet. Diese längere Lektürephase (S. 222–261) unterbricht den Handlungsverlauf und verstärkt auf Seiten des Protagonisten das Gefühl der Sicherheit und der Errettung durch die **Brotherhood**, womit der Lektürephase deutlich **retardierende Funktion** zukommt. Die plötzlich einbrechende Katastrophe der Festnahme wird durch Winstons Erkenntnis, dass sowohl die **Brotherhood** als auch **Goldstein's Book** von der Partei erfunden worden sind, verstärkt.

Der **Anhang** über **The Principles of Newspeak** ist ebenfalls im Stil einer fachlichen Abhandlung geschrieben

Anhang als satirische Erweiterung

und stellt eine vom Verfasser angeführte Erläuterung der Ziele, der Entwicklungsgeschichte und der Strukturmerkmale von **Newspeak** dar.

Da der Leser auch im Laufe der Romanhandlung über Newspeak aufgeklärt wird (S. 65 f.), ist der Anhang als **Rückblick auf das Thema Newspeak** und gleichzeitig als **satirische Erweiterung** zu verstehen, durch die der Autor Entwicklungstendenzen seiner Zeit kritisiert. Hierfür ist das häufige Aufkommen von Abkürzungen unter totalitären Regimen und Organisationen ein Beispiel („Nazi, Gestapo, Komintern, Agitprop" S. 369), ebenso wie die Reduktion von Bezeichnungen auf groteske Abkürzungen, die den tatsächlichen Charakter des so Bezeichneten entlarven (**Minitrue** für **Ministry of Truth**). Am Beispiel der „ideologischen Übersetzung" von „vorrevolutionärer Literatur" in **Newspeak**, wobei sowohl Sinn als auch Sprache verändert werden, **entlarvt** der Erzähler **auf satirische Weise die Scheinheiligkeit der Gesellschaft**. Als Beispiel fügt er eine „allgemein bekannte Stelle" aus der amerikanischen Unabhängigkeitserklärung an:

„*Folgende Wahrheiten erachten wir als selbstverständlich: dass alle Menschen gleich geschaffen sind; dass sie von ihrem Schöpfer mit gewissen unveräußerlichen Rechten ausgestattet sind; dass dazu Leben, Freiheit, und das Streben nach Glück gehören; dass zur Sicherung dieser Rechte Regierungen unter den Menschen eingesetzt werden, die ihre rechtmäßige Macht aus der Zustimmung der Regierten herleiten; (...) Es wäre absolut unmöglich gewesen, dies in Neusprech zu übersetzen und dabei den Sinn des Originals zu wahren. Die größtmögliche Annähe-rung bestünde immer noch darin, die ganze Passage von dem einen Wort verschlingen zu lassen:* **Deldenk.** *"* (S. 374)

Symbolik

Neben der **in Big Brother personifizierten Kollektiv-macht** stellen im Rahmen der Romankomposition die wichtigsten Symbole und Leitmotive Winstons **Krampfaderge-schwür (varicose ulcer)**, **der Staub (dust)**, **das Goldene Land (Golden Country)**, **der Briefbeschwerer (paper-weight)**, **Kinderreime** und die **Proles** dar.

In seinem utopischen Staat **Oceania** zeigt der Autor, wie ein unangreifbarer und unergründlicher Parteiapparat aus reiner Machtgier Individualität zerstört und Mensch-lichkeit pervertiert. **Der absoluten Unangreifbarkeit die-ses Parteiapparates und seiner totalitären Macht wird durch das Bild des Big Brother ein Gesicht gegeben.**

> Big Brother personifiziert die totalitäre Macht der Partei

Big Brother erscheint nie persönlich, doch sein Bild mit dem schwarzen Schnurrbart, den rauen und zugleich stattli-chen Zügen und dem eindringlich beobachtenden Blick ver-folgt jeden. Die Bürger **Oceanias** sind verpflichtet, den **Big Brother** zu lieben, der seiner Bezeichnung nach sowohl Kon-trolle und Drohung personifiziert als auch – der wider-sprüchlichen **Ingsoc**-Ideologie entsprechend – Schutz und Geborgenheit („Großer Bruder"). Er

„(...) ist unfehlbar und allmächtig. Jeder Erfolg, jede Errungen-schaft, jeder Sieg, jede wissenschaftliche Entdeckung, alles Wis-sen, alle Weisheit, alles Glück, alle Tugenden werden unmittel-bar seiner Führerschaft und Inspiration zugeschrieben. Niemand hat den Großen Bruder je gesehen. Er ist ein Gesicht auf den

*Reklamewänden, eine Stimme vom Teleschirm. Wir dürfen
leidlich sicher sein, dass er nie sterben wird, und es herrscht
bereits beträchtliche Unsicherheit darüber, wann er geboren
wurde. Der Große Bruder ist die Gestalt, in der es der Partei
beliebt, sich vor der Welt zu präsentieren. Er erfüllt die Funktion einer Sammellinse für Liebe, Furcht und Verehrung, für Gefühle, die man leichter gegenüber einem Einzelmenschen als gegenüber einer Organisation empfindet."* (S. 250–251)

Winstons **Krampfadergeschwür** ist
ein körperliches Symptom für seine
unter dem Regime leidende Psyche.

> Krampfadergeschwür als
> körperliches Symptom

Es kennzeichnet seine Unangepasstheit an das System und
der Schmerz des Geschwürs „verfolgt" ihn bei allen nicht-
konformen Handlungen. Bereits zu Beginn der Erzählung er-
schwert ihm das schmerzende Geschwür den Weg in seine
Wohnung (S. 7) und als er mit der Niederschrift seines Tage-
buches beginnt, d. h. gegen die Regeln des Systems verstößt,
befällt ihn ein unerträglicher Juckreiz (S. 14). Während seiner Liebesaffäre mit Julia in dem vermeintlichen Versteck
im Hause des Altwarenladens ist das Geschwür verheilt
(S. 183 f.). Während seiner Folter im **Ministry of Love** versucht Winston **inneren** Widerstand zu leisten und dement-
sprechend verhält sich das Krampfadergeschwür: „(...) das
Krampfadergeschwür beim Knöchel glich einem entzündeten
Klumpen, von dem sich die Haut in Fetzen ablöste." (S. 325)

Der **Staub** („grießiger Staubwirbel",
S. 7) ist unverhinderbarer Bestandteil
des durch die permanenten Kriege

> Staub symbolisiert die Allgegen-
> wärtigkeit der Partei

heruntergekommenen Stadtbilds von London und ist – gleich
der Partei – allgegenwärtig.
Dust symbolisiert zugleich die allmächtige Totalität der Par-

tei, deren perfekte Überwachungsmaschinerie das Alltagsleben der Bürger bis ins „kleinste Staubkörnchen" durchdringt. So scheinen beispielsweise auch die dem Regime angepassten Bürger **Oceanias** teilweise mit Staub bedeckt („Man gewann den Eindruck, dass sich in den Fältchen ihres Gesichts [Mrs Parsons] Staub abgelagert hatte", S. 28). Als Winston sein Tagebuch zur Sicherung mit einem Staubkorn markiert, gibt er es symbolisch in die Hände der Partei: „Er tupfte mit der Fingerspitze ein identifizierbares weißliches Staubkörnchen auf und platzierte es auf der Ecke des Einbands, wo es herunterrutschen musste, wenn das Buch angefasst wurde." (S. 38). Nach seiner „Umerziehung" in den Folterkammern des **Ministry of Love** am Ende des Romans schreibt er im Café **Kastanienbaum** symbolisch die Gleichung $2 + 2 = 5$ in den Staub auf dem Tisch (S. 348).

Golden Country ist Winstons Traumvorstellung einer Landschaft voll Wärme, Schönheit und Frieden, in der Mensch und Natur miteinander harmonieren:

> „Plötzlich stand er auf einem kurzen, federnden Rasen, an einem Sommerabend, wo die schrägen Sonnenstrahlen die Erde vergoldeten. (...) Im Wachzustand nannte er sie das Goldene Land. Es war eine alte, kaninchenzertretene Weide mit einem Fußpfad, der sich hindurchwand, und hier und da einem Maulwurfshügel." (S. 40–41)

Golden Country steht im Kontrast zu der kahlen, entseelten Wirklichkeit **Oceanias** und symbolisiert Winstons Sehnsucht nach einer besseren Vergangenheit sowie seine Hoffnung auf eine bessere Zukunft.

Golden Country vs. Wirklichkeit

So begegnet er beispielsweise in seinem Traum vom **Golden Country** Julia, die ihre Kleider von sich wirft, „(...) so, als könnten der Große Bruder und die Partei und die Gedankenpolizei allesamt mit einer einzigen großartigen Armbewegung ins Nichts gefegt werden", und erwacht mit dem Wort „Shakespeare" auf den Lippen (S. 41). Das Motiv des **Golden Country** stellt ein bedeutendes **erzählerisches Mittel für den Spannungsaufbau der Handlung** dar. Im Laufe der Handlung erinnert sich Winston an die Stimme aus einem Traum, die ihm ein Treffen an dem **Ort ohne Dunkelheit** vorausgesagt hat (S. 33), ordnet diese Stimme dem vermeintlichen Verbündeten O'Brien zu (S. 34) und deutet die Botschaft als Hinweis auf seine erträumte Zukunft: „‚Wir werden uns an dem Ort treffen, wo keine Dunkelheit herrscht', hatte O'Brien zu ihm gesagt. Er wusste, was das bedeutete, oder glaubte es zu wissen. Der Ort, an dem keine Dunkelheit herrscht, war die erdachte Zukunft (...)" (S. 126). Diese Überzeugung wird gefestigt, als sich Winston nach Eintritt in die **Brotherhood** von O'Brien mit ebendieser geheimen Botschaft verabschiedet und keine überraschte Reaktion auf Seiten O'Briens feststellt. Zuletzt muss Winston jedoch auf dramatische Weise erkennen, dass der **Ort ohne Dunkelheit** nicht das ersehnte **Goldene Land** ist, sondern die unterirdischen Katakomben des **Ministry of Love** bezeichnet, deren künstliche Beleuchtung niemals ausgeschaltet wird: „Hier, so wusste er instinktiv, würde das Licht nie gelöscht werden. Es war der Ort, wo keine Dunkelheit herrschte: Er begriff jetzt, warum O'Brien die Anspielung verstanden zu haben schien." (S. 278) In seiner Zelle träumt Winston noch immer vom **Golden Country**, diesmal sitzt er zusammen mit seiner Mutter, Julia und O'Brien friedlich in der Sonne (S. 330). Solange Winston diesen Traum behält, ist er nicht vollständig innerlich „umerzogen" worden. Er kann sein Unterbewusstsein jedoch nicht kontrollieren, wacht während seiner Gefangenschaft schluchzend aus dem Traum vom **Golden Country** auf (S. 335) und muss als Strafe die letzte Stufe der „Umerziehung" – die Folter im **Room 101** – ertragen. Am Ende verschmäht Winston gelegentliche fetzenhafte Erinnerungen als „falsche Erinnerungen" (S. 355) und in dem letzten Traum – von seiner Hinrichtung – **empfindet er die künstliche Helligkeit des Ministry of Love als Sonnenlicht** („Winston saß in einen seligen Traum versunken (...). Er lief den weiß gekachelten Korridor entlang, mit dem Gefühl, im Sonnenschein zu gehen (...)", S. 356), ein Symbol für Winstons zerstörte Persönlichkeit.

Der **paperweight** („Es war ein schwerer Glasklumpen, auf einer Seite gewölbt, auf der andern flach, fast wie eine Halbkugel. (...) In seinem Kern steckte, vergrößert durch die gewölbte Oberfläche, ein seltsames rosafarbenes, zusammengerolltes Gebilde, das an eine Rose oder Seeanemone erinnerte." S. 117) ist für Winston zunächst Sinnbild einer besseren Vergangenheit, in der es noch Schönheit gab. Durch den Besitz dieses Gegenstandes macht sich Winston als Gedankenverbrecher verdächtig, da er die Wertschätzung der Vergangenheit und somit die Missachtung der Gegenwart symbolisiert.

> Briefbeschwerer als Symbol für die Vergangenheit

Als er glaubt, dass Julia ihn im Auftrag der **Thought Police** verfolgt, kommt ihm der Gedanke, sie mit dem **paperweight**, einem Gegenstand der Vergangenheit, zu erschlagen (S. 124). Während der kurzen Glücksphase mit Julia in dem Raum über dem Altwarenladen (einem Überbleibsel der Vergangenheit) beschreibt Winston selbst die symbolische Bedeutung des gläsernen Gegenstandes: „Der Briefbeschwerer war das Zimmer, in dem er sich befand, und die Koralle war Julias Leben und sein eigenes, eingebettet in eine Art Ewigkeit im Herzen des Kristalls." (S. 179) Doch das Symbol des gläsernen Briefbeschwerers für Winstons und Julias Leben weist auch auf die Zerbrechlichkeit ihrer „gläsernen" Welt hin – bei ihrer Gefangennahme wird diese zusammen mit dem Briefbeschwerer auf brutale Weise zerstört und Winston erkennt zu spät, wie klein der Briefbeschwerer und somit seine Illusion gewesen ist (S. 267).

Kinderreime („Orangen und Limonen, läutet's von St. Clement (...)" S. 120) stellen gleich dem Briefbeschwerer Elemente aus der Vergangenheit dar, die den Protagonisten faszinieren und die er zu rekonstruieren versucht.

> Kinderreime sind Elemente der Vergangenheit

Zwar weist Mr Charrington Winston deutlich auf den letzten Vers hin („Und dieses Kerzlein leuchtet dir Tropf, und dieses Hackbeil hackt ab deinen Kopf", S. 120), dieser übersieht die offene Drohung jedoch und versucht weiter, durch die Suche nach den gesamten Versen des Reimes die Vergangenheit zu erforschen. Einzig O'Brien, Mitglied der **Inner Party**, kennt den vollständigen Kinderreim, womit er symbolisch die Vergangenheit beherrscht (S. 216).

Obwohl die **Proles** 85 % der Bevölkerung **Oceanias** stellen, sind sie für die Partei und ihre Machtapparatur weder wichtig noch gefährlich. Für Winston haben sie jedoch symbolischen Wert, er erhofft sich in ihnen eine Gegenmacht zur Partei („Wenn es eine Hoffnung gibt, (...) liegt sie bei den Proles", S. 87), die das Regime stürzen kann.

> Proles symbolisieren Wärme und Menschlichkeit

Das Problem ist laut Winston, dass die **Proles** sich nie auflehnen werden, solange sie sich nicht ihrer Macht bewusst seien und dass sie sich erst ihrer Macht bewusst werden könnten, nachdem sie sich aufgelehnt hätten (S. 88–89). Obwohl sein Versuch der Konversation mit einem alten **Proles**-Mann gescheitert ist (S. 109 f.), hält er an seinem Glauben an die Kraft der **Proles** fest. Sie symbolisieren für Winston **Wärme und Menschlichkeit** und stehen somit im Kontrast zu der unnatürlichen, leblosen Partei. Während seiner Liebesaffäre mit Julia beobachtet er eine stämmige **Proles**-Frau, die in dem Hof hinter dem Altwarenladen singend Wäsche aufhängt, und ist beeindruckt von ihrem sorglosen, natürlichen Verhalten (S. 173, 263). Im Gegensatz zu der Partei, die unter allen natürlichen Trieben besonders den Sexualtrieb des Menschen pervertiert (S. 82) und Fortpflanzung durch künstliche Befruchtung propagiert (S. 83), erkennt Winston in der **Proles**-Frau die lebendige Schönheit der Sexualität: „Er war vorher nie auf den Gedanken gekommen, der Körper einer fünfzigjährigen Frau, durch Niederkünfte zu monströsen Ausmaßen angeschwollen und durch Arbeit gehärtet, könnte schön sein." (S. 263)

	Teil I Kapitel 1 - 8, Exposition	Teil II Kapitel 1 - 10	Teil III Kapitel 1 - 6	Appendix
Inhalt	1. Winston, Tagebuch, Mädchen, O'Brien	1. Liebesbotschaft	1. Winston's Zelle, O'Brien = Folterer	Abhandlung über: *The Principles of Newspeak*
	2. Parsons, *Ort ohne Dunkelheit*	2. Winston, Julia *Golden Country*	2. Folter, 2+2=5, Julias Verrat	
	3. Vergangenheit, *Golden Country*	3. Kirchtum, Parteiideologie	3. *Lernen*, *The last Man*	
	4. Fälschung der Vergangenheit	4. Liebesversteck	4. Erholung, *Verstehen*	
	5. *Newspeak*	5. *Hate Week*, Liebesversteck	5. *Room 101*, Winstons Verrat, 2. Höhepunkt	
	6. Parteiideologie	6. O'Briens Einladung	6. *Akzeptieren*, Winston liebt *Big Brother*	
	7. *Proles*, 2+2=4	7. Vergangenheit, *Proles*, Treueschwur		
	8. *paperweight*, Kinderreim	8. Eintritt in die *Brotherhood*		
		9. *Goldstein's Book*		
		10. Die Falle, Gefangennahme, 1. Höhepunkt		
Thema	Isolation und Auflehnung	Widerstand	Kapitulation	Sprache und Macht
Zeit	April 1984	Mai - Juni 1984	Verlust des Zeitgefühls bis März 1985	Rückblick aus imaginärer Zukunft

2.4 Personenkonstellation und Charakteristiken

Winston Smith

Gleich zu Beginn des Romans erhält der Leser einen ersten Eindruck des Protagonisten Winston Smith. Er wohnt in einer Wohnung des **Victory**-Blocks, ist neununddreißig Jahre alt und hat über dem rechten Fußknöchel ein Krampfadergeschwür. Des Weiteren wird er als

> „(...) schmächtige Gestalt [beschrieben], deren Magerkeit durch den blauen Overall der Parteiuniform nur noch betont wurde. Sein Haar war hellblond, sein Gesicht von Natur aus rötlich, seine Haut rau von scharfer Seife, stumpfen Rasierklingen und der Kälte des eben zu Ende gegangenen Winters." (S. 8)

An seine Kindheit kann er sich kaum erinnern (S. 9) und erst im Laufe des Romans erfährt man, dass er verheiratet ist. Da seine „Ehefrau" Katharine jedoch vollständig der Parteidoktrin unterlag und Sexualität als „Dienst" für die Partei ansah, zerbrach die Ehe (S. 83). Bis zu seiner „Umerziehung" durch die brutalen Foltermethoden O'Briens im **Ministry of Love** im letzten Teil des Romans verabscheut Winston seine Umgebung, das vom Krieg gezeichnete, heruntergekommene London, in dem er als Mitglied der **Outer Party** unter ständiger Beobachtung steht und seine individuelle Persönlichkeit verstecken muss (S. 9 f.). **Winston empfindet sich als einzelnes, hilfloses Individuum der allmächtigen Parteimaschinerie gegenübergestellt** und aus seiner verzweifelten Isolation heraus hofft er, Rückhalt in der Vergangenheit zu finden (S. 75 f.).

Winston ist von seiner Umgebung isoliert

In einem alten Buch legt er ein Tagebuch an, um seine systemkritischen Überlegungen und fetzenhaften Erinnerungen als ein Gegengewicht zu seiner uniformen, leblosen Umwelt und der herrschenden Partei festzuhalten (S. 13). Ein Akt der Verzweiflung, da ihm bewusst ist, dass er hiermit ein Verbrechen begeht und früher oder später von der **Thought Police** aufgespürt und **vaporisiert** werden wird (S. 13). Als Winston Julias Liebesbotschaft erhält (S. 134), fühlt er in seiner hoffnungslosen Situation neuen Lebenswillen und bereut seine unüberlegte Risikobereitschaft (S. 135). Das intime Liebesverhältnis zwischen Winston und Julia hilft dem Protagonisten, seine Erinnerungen zu ordnen und sich mit seiner Vergangenheit zu versöhnen. Das Gefühl der Liebe bringt ihm in einem Traum die vollständige Erinnerung an Mutter und Schwester und somit an familiäre Wärme und Menschlichkeit zurück (S. 195 f.). Durch dieses neu erwachte Bewusstsein, eine Vergangenheit zu besitzen, bessert sich sowohl sein psychischer als auch sein physischer Zustand und sein **Wille zum Widerstand gegen die Partei** wächst, weshalb Winston auch nicht in der Lage ist, seine Liebesbeziehung vom Politischen freizuhalten (S. 155).

Winstons Vorstellung von O'Brien als einem Oppositionellen der Untergrundorganisation **Brotherhood** ba-

> Winston hofft verzweifelt
> auf O'Brien

siert auf einem vagen Eindruck (S. 25), und auch während seines vermeintlichen Beitritts in die **Brotherhood** verlässt er sich darauf und handelt aus übereifrigem Tatendrang heraus.

So schwört er beispielsweise aus purem Hass gegenüber der Partei, der Organisation zu dienen, selbst wenn er dabei Verbrechen an Unschuldigen begehen müsse (S. 209 f.). Hierbei erweist sich seine Hingabe an die imaginäre

Opposition als ebenso total wie die, welche die Partei für sich verlangt. Nach der Festnahme in seinem Versteck hat Winston erkannt, dass ihm eine Falle gestellt worden ist. Obwohl er zuvor in Betracht gezogen hat, dass O'Brien auch ein „Feind" sein könne, vertraut er auf naive Weise noch immer auf ihn (S. 277). O'Brien erinnert Winston jedoch daran, dass er eigentlich immer gewusst habe, einst gefasst zu werden (S. 288). Während seiner Folter versucht Winston verzweifelt an seinen Wertvorstellungen festzuhalten, so wie er sie einst in einem Tagebucheintrag schriftlich festgehalten hat: „Freiheit bedeutet die Freiheit, zu sagen, dass zwei und zwei vier ist." (S. 101) Noch immer **glaubt** er **an das „Menschsein"**, worauf ihm O'Brien seine gegenwärtige „Nicht-Existenz" vor Augen führt

Winston glaubt an Menschlichkeit

(„Wenn Sie ein Mensch sind, Winston, dann sind Sie der letzte Mensch. Ihre Gattung ist ausgestorben; wir sind die Erben. Verstehen Sie: Sie sind **allein.** Sie stehen außerhalb der Geschichte, Sie sind nichtexistent." S. 323).

Erst als O'Brien Winston im **Room 101** mit dem Rattenkäfig – seinem individuellen Horror – konfrontiert, schafft er es, Winstons Widerstand völlig zu brechen: Er gibt seine Liebe zu Julia preis („Macht es mit Julia! (...) Macht mit ihr, was ihr

Winstons Kapitulation

wollt, es ist mir egal. Zieht ihr die Haut vom Gesicht, schneidet ihr das Fleisch von den Knochen." S. 343). Am Ende erfüllt sich O'Briens Prophezeiung („Was hier mit Ihnen geschieht, ist endgültig." S. 308), Winston führt nur noch eine **Scheinexistenz** („Der Gin versenkte ihn jeden Abend in den Betäubungsschlaf, und der Gin erweckte ihn jeden Morgen wieder neu zum Leben." S. 352), er ist nicht mehr zu einem gewöhnlichen menschlichen Empfinden fähig, alles in ihm ist „tot" und „leer", um mit dem Gedankengut der Partei „gefüllt" zu werden: „Er liebte den Großen Bruder" (S. 357).

Julia

Julia, „(...) ein forsch wirkendes Mädchen, etwa siebenundzwanzig, mit vollem schwarzem Haar, Sommersprossen und flinken, athletischen Bewegungen" (S. 16), arbeitet wie Winston als Mitglied der **Outer Party** im **Ministry of Truth**. Sie trägt eine scharlachrote Schärpe um ihre Taille, das Abzeichen der **Junior Anti-Sex League**, wodurch sie zunächst Winstons Hassgefühle hervorruft (S. 22–23), da sie in jeder Hinsicht systemkonform zu sein scheint. Winston sieht in dem zunächst namenlosen dunkelhaarigen Mädchen eine Bedrohung, da sie sich zunehmend in seiner Nähe aufzuhalten scheint (S. 77 f., 123 f.).

Als Julia ihm ihre Liebesbotschaft zukommen lässt, beweist sie ihren **Mut** (S. 134) und handelt gegen Winstons Erwartungen. Julia charakterisiert sich selbst:

> "Ich bin gut im Sport. Ich war Zugführerin bei den **Spitzeln**. Ich leiste an drei Abenden in der Woche Freiwilligenarbeit für die Junioren Anti-Sex Liga. (...) Ich wirke stets fröhlich und drücke mich vor nichts. Man muss mit den Wölfen heulen, lautet meine Devise. Nur so ist man vor ihnen sicher." (S. 150)

Julia ist nicht „clever", sie hasst die Partei und spricht das in derben Worten und Flüchen aus, doch im

> Julias Lebensgeist vs. Winstons Todessehnsucht

Gegensatz zu Winston übt sie keine Kritik an dem Parteisystem. Solange sie selbst nicht unter der Partei zu leiden hat, interessiert sie sich weder für die **Ingsoc**-Ideologie noch für die Vergangenheit. Für Julia ist es wichtig, erfolgreich und den Momenten zuliebe gegen die Gesetze zu verstoßen, an das Vorhandensein der **Brotherhood** glaubt sie nicht (S. 161).

Ihr natürlicher Lebensgeist steht deutlich im Kontrast zu Winstons Verzweiflung und Todessehnsucht („‚Solange Menschen Menschen bleiben, sind Tod und Leben ein und dasselbe.' ‚Ach, Quatsch! Mit wem möchtest du lieber schlafen, mit mir oder mit einem Skelett?'" S. 166). In vielen Dingen zeigt Julia einen schärferen **Realitätssinn** als Winston, so weist sie beispielsweise darauf hin, dass hinter dem Bild, hinter dem zuletzt der **Teleschirm** hervorbricht, „Wanzen" versteckt sein könnten (S. 179), und glaubt, dass Goldstein und seine Untergrundorganisation lediglich eine Erfindung der Partei seien. (S. 186). Auch die Bomben feuere die Partei selbst auf London: „(...) bloß um die Leute in Angst und Schrecken zu halten." (S. 187) Obwohl sie viel der Parteipropaganda durchschaut, so irrt sie zuletzt – wie auch Winston – in ihrer Auffassung von den Möglichkeiten der Partei: „Sie können dich dazu bringen, alles Mögliche zu sagen – **alles** –, aber sie können dich nicht zwingen, es zu glauben. Dein Innerstes bekommen sie nicht zu fassen." (S. 203) Am Ende muss jedoch auch Julia ihren Irrtum erkennen, sie **verrät Winston**, um sich selbst zu retten und wird in ähnlich „umerzogenem" Zustand entlassen wie Winston (S. 349 f.).

O'Brien

Obwohl O'Brien erst im dritten Teil des Romans als handelnde Figur in den Vordergrund rückt, ist er von Beginn an gegenwärtig, so wird er beispielsweise bereits aus der Perspektive des Protagonisten im Rahmen des **Two Minutes Hate** im **Ministry of Truth** als

„(...) ein Mitglied der Inneren Partei und Inhaber eines so wichtigen und abgehobenen Postens [beschrieben], dass Winston nur eine undeutliche Vorstellung davon besaß. (...) O'Brien war ein großer, stämmiger Mann mit Stiernacken und einem derben, launischen, brutalen Gesicht. Trotz seiner mächtigen Erscheinung besaß er einen gewissen Charme. Er hatte eine Art, sich die Brille auf der Nase zurechtzurücken, (...) eine Geste, die einen (...) an Adligen des achtzehnten Jahrhunderts erinnert haben könnte (...). Er [Winston] fühlte sich stark zu ihm hingezogen, und das nicht nur, weil ihn der Kontrast zwischen O'Briens umgänglichen Manieren und seiner Preisboxerfigur faszinierte. Es war vielmehr die heimlich gehegte Vermutung – ja, vielleicht nicht einmal die Vermutung, sondern nur die Hoffnung –, dass O'Briens politische Strenggläubigkeit nicht absolut war. Etwas in seinem Gesicht legte diese Annahme unwiderstehlich nahe. Und doch stand darin vielleicht nicht einmal Abweichlertum, sondern einfach Intelligenz geschrieben. Auf jeden Fall aber wirkte er wie ein Mensch, mit dem sich reden ließ (...)" (S. 17–18).

Auf Grund eines flüchtigen Blickwechsels, der zu dem von O'Brien inszenierten „Drama" (S. 321) gehört, hält Winston O'Brien nicht nur für einen Verbündeten, sondern sogar für seinen Beschützer (S. 25). Er glaubt sein Tagebuch für O'Brien zu schreiben (S. 100), was tragischerweise auch der Realität entspricht (S. 313 f.), und hält so verbissen und absolut an dieser Vorstellung fest, dass er instinktive Zweifel verdrängt (S. 206).

> O'Brien ist von Beginn an ein Anziehungspunkt für Winston

O'Briens wahres Gesicht deutet sich jedoch bereits in Winstons Fantasie an („Das Gesicht des Großen Bruders

> O'Brien hat Winston von vornherein manipuliert

stieg in ihm auf und verdrängte O'Briens Züge." S. 127) und

Charakterliche Ähnlichkeiten zwischen Folterer und Gefoltertem

in der Folterkammer des **Ministry of Love** – dem **Ort ohne Dunkelheit** – ist es eindeutig: **Er ist „Peiniger", „Beschützer", „Inquisitor" und „Freund"** (S. 294). Während der Folter verhält sich O'Brien wie ein Arzt, ein Lehrer oder gar ein Priester, der mehr darauf bedacht ist, den aus seiner Sicht „geistesgestörten" Patienten zu überzeugen als zu bestrafen (S. 296 f.). **Auch erkennen Peiniger und Opfer charakterliche Ähnlichkeiten** (S. 303, 310).

Obwohl er Winston erklärt, dass er ihn sieben Jahre lang wie jeden Abweichler manipuliert hat, wächst Winstons Bewunderung für seinen Folterer, er empfindet O'Brien als „allwissend" („Was kann man gegen einen Wahnsinnigen unternehmen, (...) der intelligenter ist als man selbst, der sich die Argumente des anderen in Ruhe anhört und dann ganz einfach weiter auf seinem Wahnsinn besteht?" S. 315). O'Brien repräsentiert die **pervertierte Menschlichkeit** und die gewaltigen Manipulationsmöglichkeiten des Staates **Oceania** und führt Winston sowie dem Leser die erstrebte Zukunft vor Augen:

> „[Die Art der Welt, die wir im Begriff sind zu schaffen], ist das genaue Gegenteil der törichten, hedonistischen Utopien, die den alten Reformern vorschwebten. Eine Welt der Furcht, des Verrats und der Folter, eine Welt des Tretens und Getretenwerdens (...). Fortschritt in unserer Welt wird ein Fortschritt hin zu mehr Schmerzen sein. Die alten Zivilisationen behaupteten, auf Liebe und Gerechtigkeit gegründet zu sein. Unsere ist auf Hass gegründet. (...) Es wird nur noch die Loyalität gegenüber der Partei geben und sonst keine. Es wird nur noch das

Lachen des Triumphs über einen besiegten Feind geben und
sonst keines. Es wird keine Kunst,
keine Literatur, keine Wissenschaft
geben. Wenn wir allmächtig sind,
werden wir die Wissenschaft nicht mehr nötig haben. (...) Aber
immer (...) wird es den Rausch der Macht geben (...), die
Empfindung, auf einem wehrlosen Feind herumzutrampeln.
Wenn Sie ein Bild von der Zukunft haben wollen, dann stellen
Sie sich einen Stiefel vor, der auf ein Gesicht tritt – unaufhör-
lich." (S. 320–321).

Grausamkeit und
Brutalität O'Briens

Ganz im Sinne der **Ingsoc**-Ideologie kennt O'Briens Grausamkeit bei der „Umerziehung" des „Abweichlers" im Dienste der Partei keine Grenzen, er verhöhnt und verspottet sein
Opfer (S. 323 f.), manipuliert dessen Psyche und setzt sogar
sein Wissen über Winstons Albträume im **Room 101** als
Waffe ein (S. 340).

Nebenfiguren

Die Nebenfiguren haben vorrangig
die Funktion, die Auswirkungen der
totalitären Überwachungsmaschinerie des Systems **Oceania** auf die In-
dividuen zu veranschaulichen.

Nebenfiguren veranschaulichen die Auswirkungen des
totalitären Regimes auf
Individualität

Parsons, Winstons Nachbar, ist ein übereifriges und begeis-
tertes Parteimitglied, der trotz seines Engagements für die
Partei im **Ministry of Love** endet. Seine eigenen Kinder
liefern ihn der **Thought Police** aus, nachdem sie ihn im
Schlaf „Nieder mit dem Großen Bruder" (S. 282) murmeln
hören haben.
Syme ist ein fanatischer Sprachwissenschaftler, der an der

neuen Ausgabe des **Newspeak Dictionary** arbeitet. Obwohl er „strenggläubig" ist, hält ihn Winston für zu schlau, um zu überleben. Eines Tages wird er „vaporisiert" (S. 180).

Ampleforth, ein im **Ministry of Truth** tätiger Dichter, endet ebenfalls in den Folterkammern, weil er ein Gedicht von Kipling nicht parteikonform umgeschrieben hat (S. 279).

Mr Charrington erscheint zunächst als alter, der Vergangenheit zugetaner Altwarenverkäufer, dem Winston naiv vertraut. Doch der Altwarenladen entpuppt sich als Falle und Mr Charrington als Mitglied der **Thought Police** (S. 269).

2.5 Sachliche und sprachliche Erläuterungen[12]

Erster Teil

Kapitel 1

varicose ulcer, S. 3: Krampfadergeschwür.

Ingsoc, S. 4: pervertierte Form für ‚Englischer Sozialismus' (English Socialism).

apparatus of government, S. 6: Regierungsapparat.

truncheon, S. 6: Gummiknüppel.

rubber club, S. 7: Gummiknüppel.

nitric acid, S. 7: Salpetersäure.

razor blades, S. 8: Rasierklingen.

forced-labour camp, S. 8: Zwangsarbeitslager.

speakwrite, S. 8: Sprechschreiber.

proles, S. 11: Proletarier.

Records Department, S. 11: Dokumentations-Abteilung.

heresies, S. 14: Ketzereien.

Saint Sebastian, S. 17: St. Sebastian, römischer Märtyrer, der Legende nach von 1000 Pfeilschüssen durchbohrt.

Kapitel 2

comrade, S. 22: Genosse.

Spies, S. 23: Spione, Spitzel.

Floating Fortress, S. 26: Schwimmende Festung.

Iceland; S. 26: Island.

the Faroe Islands, S. 26: die Faröer-Inseln.

loopholes, S. 29: Schießscharten.

annihilation, S. 29: vollständige Austilgung.

---

12 Die aufgeführten Stilmittel und Beispiele in 2.5 sowie 2.6 beziehen sich auf die englischsprachige Textgrundlage (Orwell, George: *Nineteen Eighty-Four*. Harmondsworth: Penguin Books Ltd., 1989)

Kapitel 3
purges, S. 31: Säuberungsaktionen.
Physical Jerks, S. 33: Morgengymnastik.

Kapitel 4
pneumatic tube, S. 40: Rohrpost.
orifices, S. 40: Öffnungen.
furnaces, S. 40: Verbrennungsöfen.
Order of Conspicuous Merit, S. 47: Orden für besondere Verdienste.
Charlemagne, S. 50: (französisch) Karl der Große (742–814).

Kapitel 5
Research Department, S. 51: Forschungsabteilung.
philologist, S. 51: Sprachwissenschaftler.
synonymes, S. 54: Synonym, Wort, das mit anderen Wörtern derselben Sprache fast bedeutungsgleich ist.
antonymes, S. 54: Antonym, Wort von entgegengesetzter Bedeutung.

Kapitel 6
fornication, promiscuity S. 68: Unzucht.
artificial insemination, S. 69: künstliche Befruchtung.

Kapitel 7
jus primae noctis, S. 76: (lat. das Recht auf die erste Nacht), im Mittelalter gelegentlich bezeugtes Recht eines Grundherren auf die erste Nacht mit der vermählten Frau eines Leibeigenen.
lunatic, S. 83: Wahnsinniger.
Truisms, S. 84: Binsenwahrheiten.

Kapitel 8
'Steamer (...) quick!', **S. 87:** Cockney: „Ein Dampfer!", schrie er. „Pass' auf, Kumpel! Gleich bumst es. Hau dich hin!"
pint mug, gallon S. 91: Maßeinheiten, Pinte, Gallone.
House of Lords, S. 94: Bezeichnung für die erste Kammer eines Zweikammerparlaments, wie z. B. des britischen Parlaments.
torture chamber, S. 106: Folterkammer.

Zweiter Teil
Kapitel 1
summons, S. 113: Vorladung.
Oliver Cromwell, S. 120: englischer Staatsmann (1599–1658) und Anhänger der strengen Puritaner; entschied als Heerführer 1644/45 den Bürgerkrieg der Parlamentspartei gegen den Stuartkönig Karl I., drängte 1648 auch das Parlament beiseite und ließ 1649 den König hinrichten; wurde dann „Lordprotektor". Durch siegreiche Kriege gegen Holland und Spanien förderte er die See- und Handelsmacht Englands.

Kapitel 2
mike, S. 125: Mikrofon.
hide-out, S. 131: Lichtung.

Kapitel 3
camouflage, S. 135: Tarnung.
Rewrite Squad, S. 137: Umschreibgruppe.

Kapitel 4
fender, S. 143: Kaminvorsatz.
cellars, S. 146: Kellergewölbe.

Kapitel 5
Stepney, S. 156: Ort in London.
indignation, S. 156: Entrüstung.

Kapitel 6
accomplices, S. 165: Komplizen.

Kapitel 7
impregnable, S. 174: uneinnehmbar.

Kapitel 8
rumours, S. 183: Gerüchte.

Kapitel 9
Oligarchical, S. 191: von Oligarchie, Herrschaft einer kleinen elitären Gruppe.
Collectivism, S. 191: Kollektivismus, Lehre, nach der das gesellschaftliche Ganze den Vorrang vor dem Individuum hat. Das Individuum ist der selbstständige Teil des Ganzen.
Neolithic Age, S. 192: Jungsteinzeit.
gyroscope, S. 192: Gyroskop.
equilibrium, S. 192: Gleichgewicht.
Neo-Bolshevism, S. 205: Neo-Bolschewismus.
doctrines, S. 212: Lehren.
enlightened, S. 213: aufgeklärt.

Dritter Teil
Kapitel 1
Kipling, S. 242: Rudyard Kipling, englischer Dichter (1865–1936).

Kapitel 2
hypodermic syringe, S. 251: Spritze.
vertebrae, S. 257: Rückenwirbel.

Kapitel 3
digression, S. 279: Exkurs.

Kapitel 6
nostrils, S. 301: Nasenlöcher.
sinecure, S. 302: Sinekure (lat. sine cura ohne Sorge), ur-
spr. Pfründe ohne Amtsgeschäfte.

Vokabeln zur Interpretation von *1984*
(Englisch – Deutsch)

Theme/Purpose	Thema/Absicht
In his warning utopia *1984* George Orwell criticizes totalitarian systems.	In seiner Warnutopie *1984* kritisiert George Orwell totalitäre Systeme.
Observation, destruction of culture and permanent warfare belong to the Party's power politics.	Überwachung, Kulturzerstörung und permanente Kriegsführung gehören zur Machtpolitik der Partei.
Orwell makes use of the utopian genre in order to criticize current conditions in a satirical way.	Orwell nutzt die Gattung der Utopie, um auf satirische Weise die gegenwärtigen Zustände zu kritisieren.

Form/Structure	Form/Aufbau
The novel's three main parts correspond to three major aspects of the plot.	Die drei Hauptteile des Romans entsprechen drei großen Verlaufsphasen der Handlung.
The plot reaches its first climax in the protagonist's arrest (part II, chapter 10).	Die Festnahme des Protagonisten im 10. Kapitel des 2. Teils stellt den ersten Höhepunkt der Handlung dar.
exposition	Exposition
love affair as resistance	Liebesverhältnis als Widerstand
re-integration, re-education	„Umerziehung"
capitulation	Kapitulation
hierarchical social system (hierarchy)	hierarchische Gesellschaftsstruktur
The state of **Oceania** is lawless.	Der Staat **Oceania** ist kein Gesetzesstaat.
The citizens of **Oceania** are ideologically conditioned.	Die Bürger **Oceanias** sind ideologisch konditioniert.
The party seeks power entirely for its own sake.	Das Ziel der Partei ist Macht.

claim to power, lust for power, dictatorship	Machtanspruch, Machtlust, Diktatur
The party has developed an infallible machinery of observation that guarantees its power.	Zur Sicherung ihrer Macht hat die Partei eine unfehlbare Überwachungsmaschinerie entwickelt.
to keep under observation, to supervise, to monitor	überwachen
code of conduct	Verhaltenskodex
Newspeak facilitates the rulers to establish and control a new kind of thinking.	**Newspeak** ermöglicht es den Machtausübenden, ein neues Denken zu etablieren und zu kontrollieren.
Doublethink makes it possible to annul logic and therefore facilitates the party to justify and preserve its contradictory system.	Durch **doublethink** setzt die Partei die Gesetze der Logik außer Kraft, rechtfertigt und erhält die Widersprüchlichkeit ihres Systems.
Destruction of history means destruction of identity, individuality and standards.	Zerstörung der Geschichte bedeutet Zerstörung von Identität, Individualität und Maßstäben.
Permanent warfare makes an increase of the general stan-	Permanente Kriegsführung verhindert die Erhöhung des

dard of living as well as emancipation impossible.

The integration of **Goldstein's Book** offers a description of the totalitarian regime from a technical perspective.

Goldstein's Book delays the action.

The appendix is a reflection on the topic of **Newspeak** and serves as a satirical extension.

Symbolism

Big Brother personifies collective power.

Symbols and leitmotifs are narrative techniques for the development of suspense.

Characters

As a member of the **Outer Party** Winston Smith is kept under enduring observation. He detests his surroundings.

Lebensstandards sowie Emanzipation.

Durch **Goldstein's Book** wird das totalitäre Regime aus fachlicher Perspektive beschrieben.

Goldstein's Book hat retardierende Funktion

Der Anhang ist ein Rückblick auf das Thema **Newspeak** und dient zur satirischen Erweiterung.

Symbolik

Big Brother personifiziert die Kollektivmacht.

Symbole und Leitmotive sind erzählerische Mittel für den Spannungsaufbau.

Charakteristiken

Als Mitglied der **Outer Party** steht Winston Smith unter ständiger Beobachtung. Er verabscheut seine Umgebung.

As a separate and helpless individual he lives in complete isolation.	Als einzelnes und hilfloses Individuum lebt er völlig isoliert.
Julia is of a natural liveliness and has a sense of reality.	Julia hat einen natürlichen Lebensgeist und Realitätssinn.
O'Brien is an omnipresent torturer as well as a protector.	O'Brien ist der allgegenwärtige Peiniger und Beschützer.
O'Brien represents the rulers' perverted humanity and their powerful possibilities of manipulation.	O'Brien repräsentiert die pervertierte Menschlichkeit und die gewaltigen Manipulationsmöglichkeiten der Machthaber.
Style/Language	**Stil/Sprache**
narrative technique	Erzähltechnik
The contents determine the narrator's use of an internal point of view.	Die personale Erzählstruktur ist durch das inhaltliche Konzept vorgegeben.
vividness	Anschaulichkeit
poetic style	poetischer Stil
phonetic spelling	phonetische Schreibweise

grotesque portrayal	groteske Schilderung
paradox statements (concepts, terms), irony	paradoxe Aussagen (Begriffe), Ironie
This variety of narrative techniques clarifies and supports a main topic of the novel: **language and morals**.	Die vielen verschiedenen Erzählweisen verdeutlichen ein Hauptthema des Romans: **Sprache und Moral**.

2.6 Stil und Sprache

Als nicht angepasster Einzelner stellt Winston Smith einen
Störfaktor in dem Überwachungsstaat **Oceania** dar, womit auch nur aus seiner Sicht Kritik möglich ist.

> Das inhaltliche Konzept bestimmt die personale Erzählstruktur

Das inhaltliche Konzept des Romans bestimmt somit die personale Erzählstruktur (internal viewpoint),

> *„eine Erzählstruktur, bei der das fiktionale Geschehen nur aus
> der Perspektive einer der am Geschehen beteiligten fiktiven Personen berichtet wird, d. h. statt einer allseitigen Darstellung
> der erzählten Welt erfährt der Leser diese subjektiv gedeutet
> und je nach Funktion, Charakter oder seelischer Verfassung
> der erlebenden Person (...) mehr oder weniger relativiert oder
> fragmentarisch. Das personale Erzählen verändert damit auch
> die Rolle des Lesers, der zum aktiven Mitgestalten, zur Sinngebung gezwungen wird."*[13]

Die im Roman vertretenen darstellerischen Mittel des personalen Erzählens sind vorwiegend **free indirect discourse, interior monologue** und **stream of consciousness**[13].

> Free indirect discourse,
> interior monologue, stream of
> consciousness

---

13 Schweikle (Hg.), S. 347

Sprachliches Mittel	Erklärung	Textbeleg
free indirect discourse/free indirect style (ähnlich der **erlebten Rede** im Deutschen)	Durch die Kombination von Person und Zeit der **indirekten Rede (indirect report)** und temporalen sowie lokalen Indikatoren der **direkten Rede (direct speech)** wird suggeriert, dass Äußerungen des Protagonisten von seiner personalen Perspektive aus wiedergegeben werden. Die oft mimische Funktion täuscht z. B. die genaue Wiedergabe einer Denkweise vor und kann auch der Ironisierung dienen.	*„Already! He sat as still as a mouse, in the futile hope that whoever it was might go away after a single attempt. But no, the knocking was repeated. The worst thing of all would be to delay."* (S. 21–22) *„It was the police patrol, snooping into people's windows. The patrols did not matter, however. Only the Thought Police mattered."* (S. 4) *„[...] it was never possible nowadays to pin down any date within a year or two. [...] The actual writing would be easy."* (S. 9) *„It was not the man's brain that was speaking, it was his larynx."* (S. 57) *„It was, he now realised, because of this other incident that he had suddenly decided*

		to come home and begin the diary today." (S. 11)
interior monologue (innerer Monolog)	Der Bewusstseinsstand einer Figur wird „unmittelbar" in der 1. Person wiedergegeben. Auch Erzähltechnik für den **stream of consciousness**.	*„He would flog her to death with a rubber truncheon. (…)"* (S. 17) *„He would go into the pub, he would scrape acquaintance with that old man (…)"* (S. 90) *„Were there always these vistas of rotting nineteenth-century houses (…)?"* (S. 5)
stream of consciousness	Bewusstseinsstrom; komplexe, unstrukturierte Folge von assoziativ ausströmenden Bewusstseinsinhalten einer Figur, bei der sich Empfindungen, Reflexionen und subjektive Reaktionen auf Umwelteindrücke vermischen.	*„Last night to the flicks. All war films. One very good one of a ship full of refugees (…) then there was a wonderful shot of a child's arm going up up up right up into the air a helicopter (…) until the police turned her turned her out I don't suppose any-thing happened to her nobody cares what the proles say typical*

prole reaction (...)"
(S. 10–11); „they'll
shoot me I don't care
they'll shoot me in the
back of the neck I
don't care down with
big brother they al-
ways shoot you in the
back (...)" (S. 21)

Die **Erzählweise** des Romans *1984* ist als **direkt** und **konkret** zu charakterisieren, sie weist ein **Bemühen um Anschaulichkeit** auf.

Als Beispiel lässt sich die detaillierte Schilderung des täglichen Kantinenbesuchs der Hauptfigur aufführen: „In the low-ceilinged canteen, deep under ground, the lunch queue jerked slowly forward. The room was already full and deafeningly noisy (...)." (S. 51 f.)

Detailschilderungen

Vorwiegend im zweiten Teil finden sich auch Erzählabschnitte in **bildlich-poetischem Stil**: „Winston picked his way up the lane through dappled light and shade, stepping out into pools of gold wherever the boughs parted. (...) The air seemed to kiss one's skin" (S. 123); „It had all occurred inside the glass paperweight, but the surface of the glass was the dome of the sky (...)" (S. 167).

Poetische Elemente

Neben der motivischen Einbettung von **Liedversen** (S. 144) finden sich Erzählpassagen, in denen durch **phonetische Schreibweise** Sprechweisen verschiedener Gesellschaftsschichten dargestellt werden, so beispielsweise der Londoner **Cockney**-Akzent der **Proles**: „I arst you civil enough, didn't I? (...) You telling me you ain't got a pint mug in the 'ole bleeding boozer? (...) 'Ark at 'im! Calls 'isself a barman and don't know what a pint is!" (S. 91); „Beg pardon, dearie, (...), I wouldn't ,a sat on you, only the buggers put me there. They dono 'ow to treat a lady, do they?" (S. 239)

Phonetische Schreibweise

Die **Nebenfiguren** – entfremdete Persönlichkeiten – werden zumeist **auf groteske Weise beschrieben**, so beispielsweise Syme („He was a tiny creature (...) with dark hair and large, protuberant eyes, at once mournful and derisive (...)" S. 51;

„(...) this was not a real human being but some kind of dummy. It was not the man's brain that was speaking, it was his larynx. The stuff that was coming out of him consisted of words, but it was not speech in the true sense: it was a noise uttered in unconsciousness, like the quacking of a duck." S. 57) und Parsons („a tubby middle-seized man with fair hair and a froglike face" S. 58).

Groteske Schilderung der Nebenfiguren

Grotesk ist insbesondere die Beschreibung der Arbeitskollegen: „It was curious how that beetle-like type proliferated in the Ministries: little dumpy men, growing stout very early in life, with short legs, swift scuttling movements, and fat inscrutable faces with very small eyes. It was the type that seemed to flourish best (...)" (S. 63).

Goldsteins Book und der **Appendix** repräsentieren die Sprachebene des **wissenschaftlichen Diskurses**.

Die vielen verschiedenen Erzählweisen verdeutlichen eines der Hauptthemen des Romans, Sprache und Moral.

Die Vielfalt an Erzählweisen verdeutlicht das Thema von Sprache und Moral

In der Welt von *1984* wird durch die Einführung der **Newspeak** die Sprache systematisch zerstört. Sprache ist das Medium zur individuellen Äußerung von Gefühlen sowie zur Vermittlung von Wert- und Moralvorstellungen, die im Staat **Oceania** nicht geduldet werden. Im Roman tritt die **Newspeak** hauptsächlich in Form von **paradoxen** (im Kontext des Romans nur scheinbar widersprüchlichen) **Aussagen** auf: „War is Peace –

Ironie

Freedom is Slavery – Ignorance is Strength" (S. 6). Auch **Wortbildungen** („Hate Week" S. 3; „doublethink" S. 9; „ungood", „doubleplusgood" S. 54) und **Wortverkürzungen**

("Minitrue" S. 6) prägen die Erzählebene, wodurch deutlich **ironische Elemente** einfließen.

So wird oft durch den Kontext deutlich, dass bestimmte Textpassagen anders gemeint sind, als es die verwendeten Wörter ausdrücken: „It's a beautiful thing, the destruction of words" (S. 54).

2.7 Interpretationsansätze

1) Historische Fakten und satirische Elemente in *1984*

In ihrem Aufsatz über Orwells *1984* als negative Staatsutopie des 20. Jahrhunderts beschreibt Hiltrud Gnüg die **satirischen Anspielungen auf die Machtideologien des Stalinismus und Faschismus** als Ausgangspunkt für den negativen Zukunftsentwurf:

> *Satire auf Stalinismus und Faschismus*

> *„Mag der Große Bruder mit dem ‚schwarzen Schnurrbart' auch eine Anspielung auf Stalin sein und das ozeanische System mit seinem Personenkult, seinem Bespitzelungswesen, seiner Parteidiktatur, den Schauprozessen und der Vernichtung von Tausenden ehemaliger Genossen, geheimen Prozessen mit Folter usw. eine Satire auf den Stalinismus darstellen, Orwells Dystopie trifft ebenso die faschistische Diktatur. Im Dritten Reich wie in Ozeanien wird die Kultur vernichtet, Sprache manipuliert, ein künstliches Feindbild aufgebaut; Orwell entwirft aus beiden Machtideologien eine Synthese der schlimmsten Möglichkeiten."*[14]

Historische Elemente

Auch Jürgen Schmidt verweist auf den **historischen Hintergrund**, in dem der **fiktive** Gesellschaftsentwurf entstand, zur Interpretation der satirischen Elemente:

> *„(...) leicht wiedererkennbar sind Elemente des Faschismus und des Stalinismus, der Kriegs- und Nachkriegsökonomie Englands, des Blitzkrieges über London, des Abwurfs der ersten Atombomben, aber auch Elemente von korporativen Tendenzen*

---

14 Gnüg, S. 201–203

der kapitalistischen Welt und der sich in den dreißiger und vier-
ziger Jahren rapide entwickelnden Kommunikationstechnologien
und deren bis dahin beispiellosen Einsatz für Propaganda und
Massenmanipulation. Identifizierbar wird z. B. das nazistische
Blockwartsystem, verkörpert in fast schon parodistischer Wei-
se durch Winstons Nachbarn Parsons, der aber zur gleichen
Zeit die Karikatur eines überenthusiastischen englischen Sports-
mannes ist (...). Die Beispiele in denen gegenseitige Bespitze-
lung verbunden mit gegenseitigem Hochpeitschen der auf Golds-
tein gerichteten Hassgefühle in politerotische Anbetung Big
Brothers aufgelöst werden, verweisen auf Praktiken des Perso-
nenkults etwa bei Stalin, Hitler oder Mussolini (...). Ebenso
verweist das Hasssymbol Goldstein auf Trotzkijs Exilierung
und Ermordung, wie auch die Verurteilung dreier Politiker (...)
auf die stalinistischen Schauprozesse hindeutet, die für viele
englische Linke Abkehr vom Sozialismus bedeuteten. Im Falle
Orwells sind entsprechende Passagen eng mit seiner Erfahrung
im spanischen Bürgerkrieg verknüpft, wo er Zeuge der Unter-
werfung derjenigen Gruppen wurde, die nicht KP-gemäße Ziele
vertraten (vgl. Homage to Catalonia*)."*[15]

2) Marxismus in *1984*

In seiner ausführlichen Abhandlung über Orwells Werk verweist Hans-Christoph Schröder u. a. auf das **Marx'sche Ge-
schichtsverständnis als Interpretationsansatz für die
Machtpolitik** der **Ingsoc**-Partei **Oceanias**:

„(...) Orwells Erklärung für die dauerhafte Oligarchie Ozeani-
ens [fügt sich] grundsätzlich durchaus in das Marx'sche Ge-

---

15 Schmidt, Jürgen: *George Orwell: Nineteen Eighty-Four.* In: Heuermann, Hartmut und Lange, Bernd-
Peter (Hg.): Die Utopie in der angloamerikanischen Literatur. Interpretationen. Düsseldorf: Bagel;
1984, S. 239–240

schichtsverständnis ein. Nach Marx ist die Entfaltung der Produktivkräfte jene vorwärtstreibende und verändernde Kraft, die schließlich auch die Produktionsverhältnisse, die Klassenstruktur und die Gesellschaftsform verändert. Gelingt es, die Entwicklung der Produktivkräfte anzuhalten – und darauf läuft der in 1984 geschilderte Zustand letztlich hinaus – ist der Stachel der Veränderung beseitigt und der historische Wandel stillgelegt. Auch die Art, wie Orwell die Stagnation bzw. die Regression der Produktivkräfte in seinem

Mangel als Basis der Klassengesellschaft

Roman erklärt, nämlich mit dem Wegfall der Konkurrenz, ist marxistisch, wenn er auch dem militärisch-kriegerischen Faktor größere Bedeutung beimisst, als Marx es getan hatte. Ebenso Marxismuskonform ist die Verbindung der inegalitären Gesellschaftsstruktur Ozeaniens mit dem wirtschaftlichen Mangel. Angesichts der Gefahr, dass sich soziale Ungleichheit und Herrschaft wegen des potenziell verfügbaren gesellschaftlichen Reichtums nicht mehr rechtfertigen lassen und ihnen der Boden entzogen wird, nimmt die herrschende Kaste Zuflucht zu einer künstlichen Verknappung der Güter und Ressourcen, die damit ständig unterhalb der Emanzipationsschwelle gehalten werden. Die letztlich im Mangel begründete Basis der Klassengesellschaft bleibt damit erhalten."[16]

Marxismus

Die von Karl Marx (1818–1883) unter Mitwirkung von Friedrich Engels geschaffene, auf der Geschichtsauffassung des **historischen Materialismus** gegründete Theorie des wissenschaftlichen Sozialismus. Die Arbeit, nicht das Kapital, schaf-

---

16 Schröder, S. 262

fe Werte. Der bei der Produktion entstehende Mehrwert werde dem Arbeiter durch zu niedrigen Lohn (Existenzminimum) vorenthalten und falle durch Ausbeutung der Arbeitskraft dem Unternehmer als Profit zu. Während sich auf diese Weise das Kapital in wenigen Händen anhäufe, verelendeten die Massen. Am Ende stehe der Zusammenbruch des kapitalistischen Systems und der weltrevolutionäre Umschlag, bei dem sich die erwachten Massen der Produktionsmittel bemächtigten. Aus der Übergangszeit der Diktatur des Proletariats gehe dann als Endzustand die klassen- und staatenlose Gesellschaft hervor. Der seinem Wesen nach internationale und revolutionäre Marxismus hatte nachhaltigen Einfluss auf einen großen Teil der Arbeiterbewegung. Die Kritik an seinen Lehren führte zur Spaltung des Sozialismus in den revisionistischen Flügel und den Kommunismus, heute ganz überwiegend in Form des Bolschewismus (Marxismus-Leninismus).

3) Religiöse Interpretation

Bei einer Analyse der im Text vorhandenen religiösen Anspielungen

Gott ist die Macht

lässt sich das **Regime Oceania als pervertierte Form einer Theokratie** interpretieren und die Handlung des Romans als **Parodie eines religiösen Bekehrungsvorganges**:

„Es ist (...) unverkennbar, dass die herrschende Kaste Ozeaniens göttliche Attribute besitzt oder sich zuschreibt. Sie erscheint allmächtig und allwissend. O'Brien weiß während des von ihm geführten Verhörs immer schon im Voraus, was Winston Smith denkt oder ihn fragen will; er ist über dessen Träume informiert und weiß, wovor dieser am meisten Angst hat. Die Allgegenwart und zugleich Entrücktheit des ‚Großen Bruders', den niemand je sah, ist die Gottes. Mit ihrer permanenten, unangreifbaren Herrschaft machen sich die Machthaber unsterblich. Als Kollektiv besitzen sie die Unsterblichkeit – das ewige Leben. Aus dem Munde O'Briens verkündet die Oligarchie den Anspruch, die Naturgesetze außer Kraft zu setzen, also Wunder bewirken zu können. Selbst die Figur Goldsteins, der ebenso allgegenwärtig und unwirklich ist wie ‚Big Brother', fügt sich in ein religiöses Deutungsmuster von ‚1984' ein: Er ist der Teufel. Seine Unbesiegbarkeit und immer wieder Böses stiftenden Machenschaften beruhen auf der Sündhaftigkeit des Menschen. Ebenso lassen sich die von O'Brien verkündete Botschaft des Hasses als eine Travestie der christlichen Liebesbotschaft und seine Verherrlichung der Macht als Umkehrung der vom Christentum geforderten Demut deuten.

Man kann in der religiösen Interpretation von ‚1984' sogar noch einen Schritt weiter gehen. Dann erscheint nämlich nicht nur das Regime Ozeaniens als eine Art von Theokratie, in der, wie O'Brien sagt, Gott die Macht ist und die Mitglieder der Inneren Partei die Priester der Macht sind, vielmehr stellt sich auch die Handlung des Romans als die schreckliche Parodie eines religiösen Bekehrungsvorgangs dar, in dem um die Rettung einer Seele gerungen wird und die Gleichung $2 + 2 = 5$ ein göttliches Wunder darstellt, an das man nach dem Prinzip ‚credo quia absurdum' glauben muss. In dem Prozess der Individualitätszerstörung, den Winston Smith durchläuft, lassen sich die typischen

Stadien eines Konversionserlebnisses erkennen: zuerst Auflehnung gegen den Allmächtigen, dann tiefe Verzweiflung und schließlich Reue, Erlösung und tiefe Liebe zu Gott."[17]

4) Doublethink als strukturelle Grundlage der Handlung

Das Prinzip **doublethink** wird nicht nur explizit von den Figuren des Romans thematisiert, sondern **spiegelt sich auch in der Zweideutigkeit der Ereignisse wider**:

> O'Brien als Autor der Winston-Handlung

> *„Die Ereignisse [der Handlung] gewinnen zweideutigen Charakter, wenn O'Brien Sicherheitsbeamter und Widerständler sein kann, Verbündeter Winstons und Initiator seines Leidensweges, wenn die Widerstandsbewegung existieren mag und von der Partei lediglich erfunden ist, wenn der Staat eine riesige komplizierte Maschine zur Reproduktion der Gesellschaft perpetuiert, dies aber ausschließlich als Selbstzweck der reinen, abstrakten und absolut gewalttätigen Machterhaltung betreibt (...). Am Ende erweisen sich das gesamte Staatsgebilde, wie es in den Köpfen von Winston und Julia erschien, und die von ihnen angenommenen Fakten als auf Fiktion beruhend: Keine der Nachrichten aus diesem Utopia scheint auch nur irgendeine Gewissheit zu versprechen. Durch die genannten Mittel wird in der Perspektive des Textes das Prinzip des Doublethink zugleich zur strukturellen Grundlage der Handlung. Überspitzt könnte man sagen, dass entgegen allem Anschein O'Brien der eigentliche Autor der Winston-Handlung ist, die er von Beginn an kontrolliert und durch Eingriffe wie die Übergabe des Goldstein-Buches oder die so einfache Anmietung des idyllischen Zimmers vorangetrieben hat."*[18]

---

17 Schröder, S. 269–270
18 Schmidt, S. 249–250

3. Themen und Aufgaben

Die Lösungstipps beziehen sich auf die Kapitel der vorliegenden Erläuterung

1) Thema: Totalitarismus und Individualität

	Lösungshilfe
▶ Wozu nutzt der Autor das Genre der Utopie?	siehe 2.3(1)
▶ Ordnen Sie *Nineteen Eighty-Four* in den historischen Kontext seiner Entstehungszeit (1948) ein.	siehe 1.3; 2.1
▶ Erarbeiten Sie den Handlungsgang.	siehe 2.2
▶ Stellen Sie auf der Grundlage des ersten Kapitels Merkmale der Welt von *1984* zusammen und formulieren Sie Leitfragen.	siehe 2.3(3)
▶ Wie stehen die drei Teile des Romans im Zusammenhang mit dem Gang der Handlung?	siehe 2.3(2)
▶ Welche Bedeutung hat **Teil II, Kapitel 10** für den Gang der Handlung und die Romankomposition?	siehe 2.3(2)
▶ Analysieren Sie **Teil III, Kapitel 5** im Kontext des Romans.	siehe 2.2; 2.3(2)
▶ Beschreiben Sie das System **Oceania** unter besonderer Berücksichtigung der Gesellschaftsstruktur und der Herrschaftsinstrumente.	siehe 2.3(3); 2.7(2)
▶ Analysieren Sie das Verhältnis Winston Smith – O'Brien im dritten Teil des Romans.	siehe 2.4

	Lösungshilfe
▶ Ist O'Brien **Big Brother**? Diskutieren Sie diese Frage vor dem Hintergrund der Figurenmerkmale und -konstellation.	siehe 2.4; 2.3(3); 2.3(5)

2) Thema: Sprache und Moral

▶ Erläutern Sie die Parteiparolen: **Big Brother is watching you, War is Peace, Freedom is Slavery, Ignorance is Strength** und **Who controls the past, controls the future, who controls the present, controls the past.**	siehe 2.3(3); 2.3(5)
▶ Arbeiten Sie vor dem Hintergrund der Zeit satirische Elemente des Romans heraus.	siehe 1.3; 2.1; 2.7(1); 2.3(4)
▶ Charakterisieren Sie Winston Smith, Julia und O'Brien.	siehe 2.4
▶ Erarbeiten Sie die Hauptinhalte der **Newspeak**. Welches Ziel verfolgt **Newspeak** und wie steht sie im Zusammenhang mit der **Ingsoc**-Ideologie?	siehe 2.3(3); 2.6
▶ Wie wird das Thema der Sprache in der Romankomposition verarbeitet? Gehen Sie hierbei auf die Wirkung der im Text vorhandenen **Newspeak**-Wörter ein.	siehe 2.6
▶ Beschreiben Sie die Funktion von **Goldstein's Book** und des **Appendix**.	siehe 2.3(4)
▶ Auf welche Weise und zu welchem Zweck nutzt Orwell Detailschilderun-	siehe 2.4; 2.6

Lösungshilfe

gen? Untersuchen Sie beispielsweise die Darstellung der Nebenfiguren.

▶ Erläutern Sie das Konzept des **double-think**. siehe 2.3(3); 2.7(4)

▶ Analysieren Sie die folgenden Symbole im Kontext des Romans: **varicose ulcer, dust, Golden Country, paperweight, Proles**. siehe 2.3(5)

▶ Wo finden sich im Text religiöse Elemente und wie stehen diese im Zusammenhang mit der Romankomposition? siehe 2.7(3)

3) The Last Man in Europe

▶ Ist Winston Smith selbst der Urheber seines Übels? Diskutieren Sie diese Frage im Kontext des Romans.

▶ Gibt es heutzutage einen **Big Brother**? Vergleichen Sie die Gesellschaft von *1984* mit der heutigen unter besonderer Berücksichtigung des Verhältnisses von Individualität und Konformität.

▶ Beurteilen Sie die im dritten Teil des Romans geschilderten Folterszenen.

▶ Verfasssen Sie eine Rezension über den Roman *Nineteen Eighty-Four*.

▶ *„Ist [...] die Hölle gleichgesetzt mit dem Diesseits unserer Gegenwart, so gehen Faust und Teufel ineinander über, und Jedermann vermag beides zu sein und zu werden."*[19]

Erläutern Sie diese Aussage im Kontext von *Nineteen Eighty-Four* und nehmen Sie Stellung dazu.

---

19 Mayer, Hans: *Wandlungen des Doktor Faustus.* In: Wiehn, Erhard R. (Hg.): 1984 und danach. Utopie, Realität, Perspektiven. Konstanz: Universitätsverlag, 1984, S. 122

4. Rezeptionsgeschichte

Nineteen Eighty-Four ist neben *Animal Farm* nicht nur das bekannteste, sondern auch das am meisten diskutierte Werk George Orwells. Im Anschluss an den Bestseller-Erfolg von *Animal Farm* in den Jahren 1945/46–1949 hatte *Nineteen Eighty-Four* nach seiner Veröffentlichung im **Juni 1949** durch die Wahl für den *Book-of-the-month Club* im Juli 1949 als **„one of the most influential books of our generation"**[20] eine vergleichbare Wirkung auf die zeitgenössische Leserschaft.

Führende Intellektuelle der Zeit wie Russell und Schlesinger sagten voraus, dass Orwells Roman mit Sicherheit eines der am meisten diskutiertesten Bücher der nächsten Jahre sein würde, andere Prominente verglichen Orwell mit Dostojewski, Wells, Huxley und anderen Koryphäen der anti-utopischen Tradition.

> Einschlägiger Erfolg des Romans auf die zeitgenössische Leserschaft

Von 1949 bis 1952 erzielte der Roman als *Book-of-the-month Club*-Wahl **Höchstauflagen** von bis zu 190 000 Exemplaren und wurde im Jahre 1951 ein amerikanischer **Taschenbuch-Bestseller**[21]. Neben dem einschlägigen Erfolg des Werkes wurde der Roman jedoch auch missverstanden.

So wurde er besonders in den USA **fälschlicherweise als Anklage der British Labour Party interpretiert**, wogegen sich der Autor vehement zur Wehr gesetzt hat. Nach dem Tode Orwells im Jahre **1950** schrieb sein Freund **Tosco Fyvel über Orwells Reaktionen** auf die Kritik der letzten Monate und über die Bedeutung von **Ingsoc:**

> Missverständnisse

---

20 Rodden, John: *The Politics of Literary Reputation. The Making and Claiming of 'St. George' Orwell.* New York, Oxford: Oxford University Press, 1989, S. 45

21 ebd.

„*Orwell believed in the old Liberal principles and the value of truth and ordinary decency. He was also firmly of the view that these principles demanded a democratic socialist structure of society. It is true that he was pessimistic about the extent to which these principles could prevail in most parts of the world. But I know that he was pleasantly surprised at the firmness with which the Labour Government here at home continued in office after mitigating the worst harshness of British society by means of the Health Service, the National Insurance Act, the nationalisation of the mines, the development of the depressed areas, and so on. All theses measures were steps in the direction Orwell desired (...). Even during his last weeks in hospital, Orwell was keenly interested in the coming election and the changes of his various friends among Labour M.P.s. He also said that one point in 1984 had been misunderstood by the critics. 'Ingsoc', the totalitarian society, was not represented as arising out of democratic socialism. On the contrary: his imaginary totalitarians who arose in England after an atomic war merely adopted the name of 'English Socialism' because they thought it had popular appeal – in the same way as the Nazis, while allying themselves in 1933 with the Ruhr industrialists and smashing the German trade unions and Socialist Party, called themselves 'National-Socialists' to dupe the German working class.*"[22]

Bis 1956 stieg Orwells Erfolg an auf **Auflagen in Millionenhöhe**, wurde als **Radiosendung** bearbeitet sowie in den Jahren **1953** (CBS-TV), **1954** (BBC-TV) und **1956** (Columbia Pictures) als **Filmversion** produziert.

Orwell als intellektueller Held

Von vielen Schriftstellern wurde Or-

---

22 Davison, S. 499–501

well als intellektueller Held bezeichnet, so schrieb beispielsweise **Kingsley Amis** im Jahre **1956**: „Any intellectuals who may submit to having a list of their heroes wrung from them (...) are likely to put him in the first two or three whatever their age (within reason), whatever their other preferences, and, – more oddly at first sight – whatever their political affiliations, if any."[23]

In den Folgejahren **bis 1967** erlahmte die öffentliche Begeisterung für den Roman, dennoch wurde **Anfang der sechziger Jahre** *Nineteen Eighty-Four* (ebenso wie *Animal Farm*) als **Bühnenstück** produziert.

Während den Jahren **1983** und **1984** erlebte *Nineteen Eighty-Four* seinen „**countdown**", da in Anbetracht des herannahenden Jahres

> Orwellmania

1984 das mediale Interesse an Orwells Werk und Leben schlagartig anstieg und zu einer Art „**Orwellmania**" führte. So erreichte *Nineteen Eighty-Four* Auflagen von bis zu **vier Millionen Exemplaren** und wurde **neu verfilmt**. Orwells Leben wurde als Bühnenstück inszeniert sowie in zahlreichen Fernsehsendungen, Zeitschriften und Zeitungen dokumentiert. Auch **Politiker** äußerten sich zu Orwells „warning", darunter z. B. **Margaret Thatcher**, Neil Kinnock, Walter Mondale und Jesse Jackson[24]. Ab dem Jahre 1985 sank die öffentliche Begeisterung und die Präsenz Orwells samt seines Schreckenstaates von *Nineteen Eighty-Four* in den Massenmedien.

In Deutschland hatte die Rezeption des Romans ihren eigenen *1984-countdown*.

> Enorme Wirkung auf die deutsche Leserschaft

---

23 Rodden, S. 46–47
24 ebd., S. 49

Übersetzt erreichte **Nineteen Eighty-Four** auch in Deutschland eine Auflage in Millionenhöhe und die Popularität des Werkes fand – wie in den USA und in England – auch in Produktionen von **Fernseh-Specials** und **Bühneninszenierungen**, dem **Konsum von Massenartikeln** wie „*1984*-Kalendaren" und der Verwendung der Dystopie zu **politischen Propagandazwecken** ihren Niederschlag. Zwischen 1982 und 1984 befand sich *Nineteen Eighty-Four* auf der Bestseller-Liste der Zeitschrift **Der Spiegel**, welche auch in einer Januarausgabe des Jahres **1983** eine 20-Seiten lange Reportage mit dem Titel *Der Orwell Staat* publizierte[25]. Als Fernsehkritiker „Momos" kommentierte **Walter Jens** in zwei Orwell-Sendungen aus den Jahren **1983** und **1984** im Deutschen Fernsehen:

> „*Nach dem Luther- nun das Orwell-Jahr. Nach dem Reformator der Kirche, den der Gedanke verfolgte, Gottes Gericht werde noch zu seinen Lebzeiten die Erde vernichten und mit ihr die Menschen (...), nun, ein Jahr später, der unbotmäßige Sozialist, der kurz vor seinem Tod die Herrschaft des Antichrist anbrechen sah – die Tyrannei des Großen Bruders. Erst das Geburtstagsfest eines Mannes, dessen vertrautester Gesprächspartner der Teufel war (...), jetzt das Geburtstagsfest eines prophezeiten (...) Ereignisses. Wir schreiben 1984, und Eric Blair alias George Orwell (...) ist zum Mann des Jahres geworden, ein skurriler Einfall, ein Zahlenspiel zum allumfassenden Begriff, ein Buch zum Werk des Jahrhunderts und die Leser dieses Buches zu Unbelehrbaren (...). Big Brother is watching you (...) und das Fernsehen immer dabei – Orwell auf allen Kanälen! Orwell gelesen und interpretiert. Orwell auf*

---

25 ebd., S. 297–298

Jura und Orwell im Wettstreit mit Agatha Christie, Orwell um Mitternacht und Orwell am Morgen, Orwell hier, Orwell dort (...) und dann prompt wieder vergessen, abgehakt und abgetan."[26]

George Orwell als Mann des Jahres 1984

Neben Kommentaren von Heinrich Böll, Adolf Muschg oder Gyorgy Konrad fand *Nineteen Eighty-Four* besondere Beachtung bei **Günter Grass**, der zwei Reden aus dem Jahre **1980** und **1983** mit *Orwells Jahrzehnt* betitelte und auch in anderen Schriften das Thema *1984* behandelte[27].

> Deutsche Intellektuelle preisen das Werk Orwells

---

26 *Momos, Der nächste Herr, bitte.* In: *Orwell Jura,* ZDF 29. 12. 1983 und *Guten Abend, Großer Bruder,* ARD 1. 1. 1984. Zitiert nach: Wiehn, (Hg.), S. 13–15
27 Rodden, S. 302

5. Materialien

Das im Folgenden aufgeführte Bildmaterial soll Aspekte der Rezeptionsgeschichte veranschaulichen und die Wirkung des Romans auf die zeitgenössische Leserschaft vergegenwärtigen. Es kann außerdem (neben einer Romanverfilmung) als visuelles Unterrichtsmaterial bei der Aufbereitung des zeit- und rezeptionsgeschichtlichen Hintergrunds verwendet werden sowie themenbezogene Unterrichtsdiskussionen unterstützen.

George Orwell vs. die Welt: Der Rebell, der Big Brother erfand (1964)[28]

---

28 Bilder aus: Rodden, S. 102, 245, 299, 172, 31

George Orwell als Dr. Frankenstein (1983)

Orwell-Rezeption in Deutschland (1983)

Orwell als ehrenamtlicher Proletarier?

Ronald Reagans Aussagen über den vermeintlichen Erfolg eines Gipfeltreffens mit dem Präsidenten der UdSSR zum Thema Rüstung in Island werden mit George Orwells Newspeak karikiert (1986). Man denke auch an die Luftangriffe der USA auf Afghanistan: Operation „Enduring Freedom"[29] (2001).

29 „Dauerhafte Freiheit".

Literatur

1) Primärliteratur

Orwell, George: *Nineteen Eighty-Four*. Harmondsworth: Penguin Books Ltd., 1989
(Auf diese Ausgabe beziehen sich die Kapitel 2.5 und 2.6.)

Orwell, George: *1984*. Herausgegeben von Herbert W. Franke und übersetzt von Michael Walter. München: Ullstein, 2001
(Nach dieser Ausgabe wird zitiert.)

Orwell, Sonja und Angus Ian (Hg.): *The Collected Essays, Journalism and Letters of George Orwell*. Volume I–IV. London: Secker & Warburg, 1968
(In den Fußnoten abgekürzt zu CEJL.)

2) Sekundärliteratur

Atkins, John: *George Orwell*. London: John Calder, 1954

Borinski, Ludwig: *Meister des modernen englischen Romans*. Heidelberg: Quelle & Meyer, 1963

Büthe, Lutz: *Auf den Spuren George Orwells*. Eine soziale Biografie. Hamburg: Junius, 1984

Davison, Peter (Hg.): *Orwell and Politics*. London: Penguin Books, 2001

Erzgräber, Willi (Hg.): *Englische Literatur von Oscar Wilde bis Samuel Beckett*. Interpretationen Band IX. Frankfurt am Main: Fischer, 1970

Fowler, Roger: *The Language of George Orwell*. London: Macmillan Press LTD, 1995

Gnüg, Hiltrud: *Utopie und utopischer Roman*. Stuttgart: Philipp Reclam jun., 1999.

(Ein chronologischer Einstieg in die literarische Gattung des utopischen Romans aus der Reihe Literaturstudium.)

Heuermann, Hartmut und Lange, Bernd-Peter (Hg.): *Die Utopie in der angloamerikanischen Literatur.* Interpretationen. Düsseldorf: Schwann-Bagel, 1984

Howald, Stefan: *George Orwell.* Reinbek bei Hamburg: Rowohlt, 1997.
(Bietet einen übersichtlichen Einstieg in das Leben und Werk Orwells.)

Rodden, John: *The Politics of Literary Reputation. The Making and Claiming of 'St. George' Orwell.* New York, Oxford: Oxford University Press, 1989.
(Bietet u. a. eine umfassende Rezeptionsgeschichte des Werkes.)

Schemman, Michael: *Imperialismus im Werk George Orwells.* Frankfurt am Main: Peter Lang, 1999

Schröder, Hans-Christoph: *George Orwell.* Eine intellektuelle Biografie. München: C. H. Beck, 1988.
(Eine umfassende Biografie des Schriftstellers in seiner Zeit, wobei insbesondere zeitgeschichtliche Aspekte hervorgehoben werden.)

Wiehn, Erhard R. (Hg.): *1984 und danach.* Utopie, Realität, Perspektiven. Konstanz: Universitätsverlag, 1984

3) Schülerhilfen

Hermes, Rüdiger: *George Orwell, Nineteen Eighty-Four.* München: Mentor, 2000. (Reihe Mentor Lektüre-Durchblick Band 427)
(Bietet einen Einstieg in die Romaninterpretation und englisches Vokabular, ist jedoch nicht umfassend.)

Reed, Kit: *Lektürehilfen George Orwell „1984".* Stuttgart: Ernst Klett, 2000.

(Bietet einen textbezogenen Einstieg in das Gesamtwerk Orwells.)

Welch, Robert: *George Orwell, Nineteen Eighty-Four*. London: Longman, 1999. (Reihe York Notes)
(Bietet eine ausführliche englische Interpretation des Textes und weist auf Aspekte zur Vertiefung hin.)

4) Verfilmungen

Nineteen Eighty-Four (1984). Großbritannien (Verfilmung für das Fernsehen) 1954.
Regie: Rudolph Cartier.

Nineteen Eighty-Four (1984). Großbritannien 1956.
Regie: Michael Anderson.

Nineteen Eighty-Four (1984). Großbritannien 1984. Virgin Productions.
Regie: Michael Radford.
Mit John Hurt, Richard Burton, Suzanna Hamilton. Vgl. Titelabbildung.

5) Internet-Seiten

www.k-1.com/Orwell/
(George Orwell Homepage)
www.k-1.com/Orwell/1984.htm
(Ausführliche englische Inhaltsangabe, Interpretation, Biografie und Bildergalerie etc. von Nineteen Eighty-Four, auch Links zu anderen Orwell-Seiten)
www.levity.com/corduroy/orwell.htm
(Biografie und Orwell-Links)

Bitte melden Sie dem Verlag „tote" Links!

Wie interpretiere ich ...?

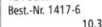

Bange Verlag